필수 일본어 문형 352

박유자 편저

　세계화의 물결 속에서 최근 10년간 일본어를 배우려는 학습자는 꾸준하고, 기초에만 머무는 것이 아니라 오히려 고급일본어를 지향하는 학습자가 이전에 비해 오히려 늘고 있는 추세입니다. 실제로 앞으로는 고급 일본어를 구사할 수 있는 많은 인재들이 등장해야 하는 시대적 요구가 있는 것도 사실입니다.

　그런 의미에서 이 책이 일본어의 기초를 다지려는 분이나 한 단계 높은 발전을 바라시는 분, 그리고 일본어시험을 준비하고 계시는 모든 분들께 실질적인 도움이 되리라 확신합니다. 이 책의 특징은 다음과 같습니다.

　　첫　째　：　급수별로 꼭 필요한 사항들을 쉬운 것부터 고급단계까지 차근차근 밟아나갈 수
　　　　　　　있도록 분류하였습니다. (능력시험 4급~1급)

　　둘　째　：　색인을 통해 알고 싶은 내용을 바로 찾아 볼 수 있게 하였습니다.

　　셋　째　：　지나치기 쉬운 말의 뉘앙스와 꼭 알아야 하는 점 등을 멘토링하듯 꼼꼼하면서도
　　　　　　　간결하게 설명하였습니다.

　　넷　째　：　문법을 위한 예문이 아니라, 실제로 쓰임새가 높은 예문들을 제시하였습니다.

　　다섯 째　：　다양한 연습문제를 통해 배운 내용을 익히고 복습할 수 있도록 하였습니다.

　일본어교육에 몸 담고 있는 한 사람으로서 정확한 일본어를 구사할 수 있는 실력있는 인재들이 나오길 기대합니다. 그런 분들께 이 책이 조금이나마 도움을 드릴 수 있다면 더 할 나위 없이 기쁘게 생각합니다.

　끝으로 이 책이 나오기까지 많은 도움을 주신 이기선 실장님과 나카무라 키요코 씨, 김승유 사장님, 그 외 제이플러스 직원 모든 분들께 이 자리를 빌어서 감사의 말씀을 드리고, 모든 감사와 영광을 하나님께 돌립니다.

박 유 자

일러두기

1. 이 책은 4급 · 3급 · 2급 · 1급의 순으로 문형을 정리하고 각 급수별로 꼭 알아야 할 문형과 특징적인 것 두 파트로 나눴다.

2. 각 파트별로 마지막 부분에는 확인문제 및 문형체크리스트를 넣어 자신의 실력을 확인해 볼 수 있도록 하였다.

3. 색인은 아이우에오순으로 일본어문형이 모두 수록되어 있다.

4. 이 책에서 사용하는 각 품사의 이름과 활용형은 다음과 같다.

〈각 품사별 사전형과 보통형 예시〉

	사전형	です · ます형	종지형	보통형	명사수식형
동 사	行く	行きます 行きます 行きません 行きました 行きませんでした	行く 行かない 行った 行かなかった	行く 行かない 行った 行かなかった	行く
イ 형 용 사	多い	多いです 多くないです 多かったです 多くなかったです	多い 多くない 多かった 多くなかった	多い 多くない 多かった 多くなかった	多い
ナ 형 용 사	静か	静かです 静かではないです 静かではなかったです 静かではありませんでした	静かだ 静かではない 静かだった 静かではなかった	静かだ 静かではない 静かだった 静かではなかった	静かな
명 사	人	人です 人ではないです 人だったです 人ではなかったです	人だ 人ではない 人だった 人ではなかった	人だ 人ではない 人だった 人ではなかった	人の

※ ないです = ありません, なかったです = ありませんでした

차례

일본어능력시험 4급수준

---

001 **～か**   ~까?, ~이나, ~인지

의문조사이다. 「의문사(いつ, どこ…) + か」 (언제인지 / 언젠가, 어디인지 / 어딘가)의 사용 법도 알아두자.

どれがあなたのかさですか。

어느것이 당신의 우산입니까?

郵便局はレストランの右ですか左ですか。

우체국은 레스토랑 오른쪽이에요? 왼쪽이에요?

「どんなセーターを買いますか。」「白か青のがいいです。」

'어떤 스웨터를 살 겁니까?' '하얀색이나 파란 것이 좋겠습니다.'

何時に帰って来るか教えて下さい。

몇 시에 오는지 가르쳐 주세요.

【접속】 명사, 동사, イ형용사, ナ형용사의 종지형, 보통형 / 명사, ナ형용사의 사전형 + か

---

002 **～か～か**   ~할지 안 할지, ~할지 어떨지

「～かどうか」(~일지 어떨지), 「～かないか」(~인지 아닌지) 둘 다 쓰인다. 같은 동사의 긍정형과 부정형이 와서 '~을 할지 안 할지 모르겠다'는 뜻을 나타낸다.

あの人が明日ここに来るか来ないかわかりません。

그 사람이 내일 여기로 올지 안 올지 모르겠습니다.

明日テストがあるかどうか友達に聞きました。

내일 시험이 있는지 어떤지 친구한테 물었습니다.

【접속】 명사, 동사, イ형용사, ナ형용사의 보통형 / 명사, ナ형용사의 사전형 + か

003 **〜から**　　　　　　　　　　　　〜니까, 기 때문에 〈이유〉

「から」는 이유제시가 직접적이다. 「〜からです」처럼 문말에도 쓸 수 있고, 「〜ですから」「〜ますから」처럼 정중체 뒤에도 쓸 수 있다.

忙しいから、遊ぶ時間がありません。

바빠서 놀 시간이 없습니다.

あの人は丈夫だから、風邪をひきません。

그 사람은 튼튼하니까 감기에 안 걸립니다.

宿題がたくさんあったから、昨日はテレビを見ませんでした。

숙제가 많았기 때문에 어제는 텔레비전을 안 봤습니다.

かぜをひいたのはとても寒かったからです。

감기에 걸린 것은 너무 추웠기 때문입니다.

【접속】 명사, 동사, イ형용사, ナ형용사의 종지형, 보통형 + から

004 **〜から / 〜まで**　　　　　　　〜부터 〈기점〉, 〜까지 〈종점〉

거리나 시간 등의 범위를 나타낸다. 동작이 이루어지는 장소를 나타내는 '에서'는 「で」이지만, 출발점이나 시작점을 나타내는 '에서'는 「から」를 써야 한다.

10時から映画が始まります。　　　10시부터 영화가 시작됩니다.

授業は1時から3時までです。　　　수업은 1시부터 3시까지입니다.

外国から手紙がきました。　　　　외국에서 편지가 왔습니다.

大学まで電車で30分かかります。　학교(대학)까지 전철로 30분 걸립니다.

【접속】 명사 + から/まで

9

005 **〜が** ①〜이 / 가 ②〜을/를

②번의 「が」는 뒤의 술어부분이 나타내는 내용의 대상〈목적어〉을 가리키는데, 우리말로는 '을/를'로 해석된다. 「が」와 같이 쓰이는 표현은 上手(じょうず)だ / 下手(へた)だ / 得意(とくい)だ / 苦手(にがて)だ / 好(す)きだ / きらいだ / わかる / できる / ほしい 등이 있다.

---

① まどが閉っています。　　　　창문이 닫혀 있습니다. 〈주격조사〉

　弟は背が高いです。　　　　남동생은 키가 큽니다.

② 妹は料理がとても上手です。　여동생은 요리를 아주 잘합니다. 〈대상〉

　どんな色が好きですか。　　어떤 색깔을 좋아합니까?

　新しい服がほしいです。　　새 옷을 갖고 싶습니다.

- -

【접속】 명사 + が

---

006 **〜が** 〜지만

「が」 앞에 정중체와 보통체 모두 올 수 있다. 앞 뒤 문장의 역접관계를 나타낸다.

雨は降っていますが、かさはさしません。

비는 내리고 있지만, 우산은 안 씁니다.

彼は日本人ですが、韓国語が上手です。

그는 일본사람이지만, 한국어를 잘합니다.

この道はあぶないが、頂上までの近道だ。

이 길은 위험하지만, 정상까지의 지름길이다.

彼は大学生だが、あまり勉強しない。

그는 대학생이지만, 별로 공부하지 않는다.

- -

【접속】 명사, 동사, イ형용사, ナ형용사의 종지형, 보통형 + が

007 ～ぐらい(くらい) ~정도

'어느 정도 되냐'고 물을 때는 「どのぐらい」「どれぐらい」를 쓰고, '어느 정도' 라고 말할 때는 「ある程度(ていど)」를 쓴다. 「くらい」「ぐらい」는 발음의 차이로 크게 구분할 필요는 없다.

まい にち じ かん   うた れんしゅう
毎日1時間ぐらい歌の練習をします。

매일 한 시간 정도 노래 연습을 합니다.

ぶん
このテストは50分ぐらいかかります。

이 시험은 50분정도 걸립니다.

かいしゃ   じ かん
会社まで1時間ぐらいかかります。

회사까지 한 시간정도 걸립니다.

【접속】명사 + ぐらい(くらい)

008 ～しか + 부정형 ~밖에

뒤에는 반드시 부정이 따라온다.

じ かん   ね
ゆうべは3時間しか寝られませんでした。

어젯밤에는 세 시간밖에 못 잤습니다.

きょねん ふゆ ゆき かい   ふ
去年の冬は雪が1回しか降りませんでした。

작년 겨울에는 눈이 한 번밖에 안 내렸습니다.

きゃく   おおぜい き   にん き
「お客さんは大勢来ましたか。」「いいえ、3人しか来ませんでした。」

'손님은 많이 왔어요?' '아뇨, 세 명밖에 안 왔어요.'

【접속】명사 + しか

「しか」와 「だけ」

「しか」(밖에)는 양이 충분치 않다, 부족하다는 뉘앙스가 있고, 유사표현 「だけ」(~만, 뿐)는 한계나 한정을 나타낸다. 「しか」는 부정형과 「だけ」는 긍정형과 세트.

・今1000円しかありません。   ⇔ 今1000円だけあります。

・これができるのはあなたしかいません。 ⇔ これができるのはあなただけです。

11

〜で　　　　　　　　　　　　　　　〜에서, 〜(으)로, 〜때문에

뒤에 「いい, けっこうだ, 十分(じゅうぶん)だ」와 같은 말이 오면 정도의 한계를 나타내고 우리말로는 '〜면'으로 해석되는 경우가 많다.

❶ 동작이 이루어지는 장소(〜에서)

ここでタクシーに乗(の)ります。　　　여기서 택시를 탑니다.

銀行(ぎんこう)で田中(たなか)さんに会(あ)いました。　　은행에서 다나카 씨를 만났습니다.

❷ 수단·방법(〜로)

友達(ともだち)と電話(でんわ)で話(はな)しました。　　친구와 전화로 이야기했습니다.

万年筆(まんねんひつ)で手紙(てがみ)を書(か)きます。　　만년필로 편지를 씁니다.

❸ 재료(〜로)

この紙(かみ)でつるを折(お)ります。　　이 종이로 학을 접습니다.

この人形(にんぎょう)は木(き)でできています。　　이 인형은 나무로 만들어졌습니다.

❹ 원인·이유(〜로, 로 인하여)

彼(かれ)は癌(がん)で病院(びょういん)に入院(にゅういん)しています。　　그는 암으로 병원에 입원했습니다.

かぜで頭(あたま)が痛(いた)いです。　　감기 때문에 머리가 아픕니다.

❺ 범위

申(もう)し込(こ)みは明日(あす)で締(し)め切(き)りです。　　신청은 내일이 마감입니다.

私(わたし)は果物(くだもの)の中(なか)で、みかんが一番(いちばん)好(す)きです。
저는 과일 중에서 귤을 가장 좋아합니다.

❻ 그 단체나 기관이 주체임을 나타낸다.(〜에서)

交通費(こうつうひ)は会社(かいしゃ)で負担(ふたん)してくれます。　　교통비는 회사에서 부담해 줍니다.

❶ 그밖의 예문(외적, 내적 상태나 수적인 상태, 수량 등)

私は裸足で家を飛び出した。　　나는 맨발로 집을 뛰쳐나왔다.

昨日、一人でデパートへ行った。　어제 혼자서 백화점에 갔다.

2と3で5です。　　　　　　　　2더하기 3은 5입니다.

私の家族は全部で8人です。　　우리 가족은 전부(합해서) 8명입니다.

10,000円で十分です。　　　　10,000엔이면 충분합니다.

娘は今年ではたちになりました。　우리딸은 올해로 스무살이 되었습니다.

【접속】 명사 + で

010　**~と**　　　　　　　　　　~와 / 과

「~といっしょに」(~와 같이)는 세트로 외워두자.

友達といっしょに映画を見ました。友達と같이 영화를 봤습니다.

りんごとみかんを下さい。　　　사과하고 귤을 주세요.

私と妹は仲がいいです。　　　　저와 제 여동생은 사이가 좋습니다.

【접속】 명사 + と

011　**~など**　　　　　　　　　~ 등

「~や ~など」(~나 ~등)로도 쓰이지만, 단독으로도 쓸 수 있다.

やさいや果物などは体にいいです。야채나 과일 등은 몸에 좋습니다.

近くに郵便局や銀行などがあるから便利です。
근처에 우체국이나 은행 등이 있으니까 편리합니다.

【접속】 명사 + など

13

〜に   〜에, 〜하러, 〜에게, 〜에게서

「に」가 붙지 않는 말 : 「おととい, 昨日, 今日, 明日, あさって」,「ゆうべ, 今朝, 今晩」,「先週, 今週, 来週」,「先月, 今月, 来月」,「去年, 今年, 来年」,「毎日, 毎週, 毎月, 毎年」

❶ 존재의 장소(〜에) ※ 동작의 장소는 で

机の上に本があります。   책상 위에 책이 있습니다.

私の母は東京にいます。   어머니는 도쿄에 있습니다.

❷ 때(〜에) : 한 시점에 점을 찍는 뉘앙스.

3月19日に生まれました。   3월 19일에 태어났습니다.

毎朝何時に家を出ますか。   매일 아침 몇 시에 집을 나섭니까?

水曜日にテストがあります。   수요일에 시험이 있습니다.

❸ 목적이나 용도(〜하러):「명사(쇼핑, 운동, 취미 등), 동사의 ます형 + 〜に行く/来る/帰る」※ 旅行(여행), 出張(출장), 留学(유학) 등도 〜に行く를 쓴다는 점에 주의.

ごはんを食べに帰ります。   밥을 먹으러 집에 갑니다.

デパートへ買物に行きました。   백화점에 쇼핑하러 갔습니다.

毎日公園まで散歩に行きます。   매일 공원까지 산책하러 갑니다.

❹ 상대나 대상(〜에게)

先生に進路の相談をする。   선생님께 진로 상담을 한다.

私は母に写真を見せました。   저는 어머니께 사진을 보여 줬습니다.

❺ 변화의 결과「〜になる」(〜이 되다)

鈴木さんは先生になりました。   스즈키 씨는 선생님이 되었습니다.

もうすぐ冬になります。   이제 곧 겨울이 됩니다.

❻ 수동문에서 동작주나 동작의 출처(~한테)

宿題(しゅくだい)をしなかったので、先生(せんせい)に叱(しか)られた。
숙제를 하지 않았기 때문에 선생님한테 혼났다.

彼(かれ)に日本語(にほんご)を教(おし)えてもらいました。 그한테서 일본어를 배웠습니다.

❼ 원인・이유(イ형용사의 さ형태(명사화)에 접속)

あまりの暑(あつ)さに倒(たお)れる人(ひと)もいた。 폭염 때문에 쓰러지는 사람도 있었다.

人(ひと)の多(おお)さにびっくりしました。 사람이 너무 많아서 놀랐습니다.

❽ 비교나 빈도의 기준

韓国(かんこく)に比(くら)べて物価(ぶっか)が高(たか)い。 한국에 비해서 물가가 비싸다.

1年(いちねん)に1回(いっかい) 会議(かいぎ)があります。 1년에 한 번 회의가 있습니다.

❾ 그밖의 용례

資源(しげん)に乏(とぼ)しい国(くに) 자원이 부족한 나라

待(ま)ちに待(ま)った運動会(うんどうかい) 기다리고 기다리던 운동회

姉(あね)はヨンインに住(す)んでいます。 언니는 용인에 살고 있습니다.

【접속】 명사 + に

「で」와 「に」

「で」는 '동작이 이루어지는 장소', 「に」는 위치나 존재하는 장소.

「に」와 「で」의 사용은 뒤에 오는 동사에 따라 정해지지만, 「止(と)める, 売(う)っている, 泊(と)まる, 寝(ね)る」 처럼 둘 다 쓸 수 있는 경우에, 「で」를 쓰면 구체적으로 행해지는 동작을 나타내고, 「に」를 쓰면 장소나 위치, 존재의 유무 등을 나타낸다. 또, 「勤(つと)める」(근무하다), 「住(す)む」(살다) 등은 반드시 「に」를 써야 한다는 것을 꼭 기억하자.

・そこで車(くるま)を止(と)める。(거기서 차를 세우다.) ・そこに車(くるま)を止(と)める。(거기에 차를 세우다.)

013 **〜ね** 　　　　　　　　　　　　　　〜네요, 〜지요

「そうですね」는 '글쎄요' '그래요'(동의, 공감) '그렇지요?'(확인) 등 여러가지 뜻이 있다.

今日(きょう)は暑(あつ)いですね。　　　　　　　오늘은 덥군요.

約束(やくそく)は2時(じ)ですね?　　　　　　　약속은 2시지요?〈확인〉

「授業(じゅぎょう)はどう?」「そうですね、難(むずか)しいですがおもしろいです。」
'수업은 어떠니?' '글쎄요, 어렵지만 재미있어요'

「ちょっと休(やす)みましょう。」「ええ、のどがかわきましたね。」
'좀 쉽시다.' '네, 목이 마르네요'

- -

【접속】 명사, 형용사, 동사의 종지형, 보통형 + ね

014 **〜の** 　　　　　　　　　　　　　　〜의, 〜것, 〜의 것

일본어에서는 명사와 명사를 연결할 때 「の」가 들어간다.

❶ 명사와 명사를 연결할 때

4月(がつ)の終(お)わり　　　家(いえ)の前(まえ)　　　数学(すうがく)の先生(せんせい)

4월말　　　　　　　　　집 앞　　　　　　　수학 선생님

私(わたし)の誕生日(たんじょうび)　　彼(かれ)のお母(かあ)さん　　あなたの家(いえ)

나의 생일　　　　　　그의 어머니　　　　　당신의 집

❷ '상태'를 나타낸다.

雨(あめ)の日(ひ)　　　大学生(だいがくせい)の頃(ころ)　　病気(びょうき)の時(とき)

비가 오는 날　　　　대학시절　　　　　　병 들었을 때

❸ 명사 대신 형식명사로 쓰일 경우(〜것)

白(しろ)いのと黒(くろ)いのと、どちらのカバンがいいですか。
흰 것과 검은 것 중 어느쪽 가방이 좋습니까?

カメラはやはり小さいのがいいです。

카메라는 역시 작은 것이 좋습니다.

❹ 소유·소속을 나타낸다.(~의 것)

この本は私のです。　　　　　　　이 책은 제 것입니다.

あの車は彼のです。　　　　　　　저 차는 그의 것입니다.

❺ 주격조사「が」대신 쓰일 경우(뒤의 명사를 꾸밀 때)

私の好きな果物はすいかです。　　제가 좋아하는 과일은 수박입니다.

❻ 동사를 명사구로 만들어준다. (~하는 것)

彼は走るのが速いです。　　　　　그는 달리기를 잘합니다.

母はケーキを作るのが上手です。　어머니는 케익 만드는 것을 잘합니다.

❼「~のです(んです)」형태로 이유나 근거를 나타내거나 사정을 설명, 강조, 주장
등을 나타낸다.

「どうかしたのですか?」「実はお腹がちょっと痛いのです。」

'무슨 일이세요?' '실은 배가 좀 아파서요.'

「ここには誰が住んでいたのですか?」「国王が住んでいました。」

'여기에는 누가 살았어요?' '국왕이 살고 있었어요.'

❽ 그밖의 용례

私より彼女の方が背が高いです。　저보다 그녀가 더 키가 큽니다.

スポーツの中で、サッカーが一番好きです。

스포츠 중에서 축구를 가장 좋아합니다.

事故のため到着時間がおくれました。

사고 때문에 도착시간이 늦었습니다.

【접속】명사, 동사, イ형용사, ナ형용사의 명사 수식형 + の

～は ~은/는

☐
☐

❶ 주제

<ruby>彼<rt>かれ</rt></ruby>は<ruby>医者<rt>いしゃ</rt></ruby>です。 그는 의사입니다.

<ruby>池<rt>いけ</rt></ruby>の<ruby>中<rt>なか</rt></ruby>にこいがいます。<ruby>赤<rt>あか</rt></ruby>いこいは1<ruby>匹<rt>びき</rt></ruby>います。

연못 안에 잉어가 있습니다. 빨간 잉어는 한 마리 있습니다.

❷ 대비 : 「～は～が、～は～」형태로

<ruby>魚<rt>さかな</rt></ruby>は<ruby>泳<rt>およ</rt></ruby>ぐことは<ruby>出来<rt>でき</rt></ruby>ますが、<ruby>空<rt>そら</rt></ruby>を<ruby>飛<rt>と</rt></ruby>ぶことは<ruby>出来<rt>でき</rt></ruby>ません。

물고기는 헤엄칠 수는 있지만, 하늘을 날 수는 없습니다.

<ruby>私<rt>わたし</rt></ruby>は<ruby>日本語<rt>にほんご</rt></ruby>はできますが、<ruby>英語<rt>えいご</rt></ruby>はできません。

저는 일본어는 할 수 있지만, 영어는 못합니다.

❸ 구별, 한정 : 「～は～ない」형태로

「<ruby>英語<rt>えいご</rt></ruby>が<ruby>出来<rt>でき</rt></ruby>ますか?」「<ruby>英語<rt>えいご</rt></ruby>は<ruby>出来<rt>でき</rt></ruby>ません。」

'영어를 할 줄 압니까?' '영어는 못합니다.' -다른 외국어는 할 줄 안다는 뜻.

「<ruby>韓国料理<rt>かんこくりょうり</rt></ruby>が<ruby>作<rt>つく</rt></ruby>れますか?」「<ruby>韓国料理<rt>かんこくりょうり</rt></ruby>は<ruby>作<rt>つく</rt></ruby>れません。」

'한국음식을 만들 줄 압니까?' '한국음식은 만들 줄 모릅니다.' 다른 요리는 가능하다는 뜻.

【접속】 명사 + は

【주의】 뒤에 いつ, どこ, なに 등이 오는 의문문에서는 「が」를 쓸 수 없다.

・たんじょうびは いつですか。 – 생일이(은) 언제예요?

・たんじょうびが いつですか。(×)

> **「は」와 「が」**
>
> ・<ruby>彼<rt>かれ</rt></ruby>は<ruby>医者<rt>いしゃ</rt></ruby>です。 – 그에 대해 설명하자면 그는 의사이다.
>
> ・<ruby>彼<rt>かれ</rt></ruby>が<ruby>医者<rt>いしゃ</rt></ruby>です。 – 누가 의사냐는 질문에 대한 답. 따라서 단독으로는 못 쓴다.

～へ   ~에 / 로

다음의 **❶❷❸** 예문은 모두 「に」로 바꿀 수 있다. 단 편지에서 '~에게, 께'의 뜻으로 상대
를 나타낼 때는 「~へ」로 써야 한다.

❶ 방향

ユリさんはあちらの方へ歩いて行きました。

유리 씨는 저쪽으로 걸어갔습니다.

❷ 목적지(= に)

彼は家へ帰りました。   그는 집에 갔습니다.

私はきのうデパートへ行きました。   저는 어제 백화점에 갔습니다.

❸ 대상

田舎の母へ手紙を送った。   시골에 계시는 어머니께 편지를 보냈다.

- -

【접속】 명사 + へ

●──── 「へ」와 「に」

「へ」는 방향성이 강하고, 「に」는 최종목적지라는 뉘앙스가 강하다.

- 「へ」와 「に」 둘 다 쓸 수 있는 동사 (방향, 목적지)

  行く, 来る, 帰る, 飛ぶ, 向かう…

- 「に」를 쓰는 동사(목적지, 도달점) : 「へ」를 쓰면 부자연스러움.

  着く, 集まる, 入る, 座る, はる, 置く, 乗る, 入れる…

- 彼は家へ(に)帰りました。 그는 집으로 돌아갔습니다.

- 午前8時に韓国に着きました。 오전 8시에 한국에 도착했습니다.

- 明日1時に学校の前に集まってください。 내일 1시에 학교 앞에 모여 주세요.

| 017 | ～も | ～도 |

☐
☐

「2時間も待(ま)っていた。」(2시간이나 기다렸다) 처럼 '강조'의 용법도 있다. 「의문사+も」
도 익혀두자. なにも(아무것도) だれも(아무도) すこしも(조금도) どちらも(둘 다)

掃除をしました。洗濯も終わりました。

청소를 했습니다. 빨래도 끝났습니다.

明日は午前も午後もひまです。

내일은 오전도 오후도 한가합니다.

【접속】 명사 + も

| 018 | ～や | ～나, ～랑 |

☐
☐

「や」는 여러 개 중에서 대표적인 것을 들어 말할 때 쓴다. 「と」와 비교했을 때 「AとB」는
A와 B만을 뜻하지만, 「AやB」는 AB외에 더 있음을 내포하고 있다.

テーブルの上にみかんやりんごがあります。

테이블 위에 귤이랑 사과가 있습니다.

デパートでシャツやネクタイなどを買いました。

백화점에서 셔츠랑 넥타이 등을 샀습니다.

【접속】 명사 + や

| 019 | ～より | ～보다〈비교기준〉/ ～부터(=から) |

☐
☐

시작을 나타내는 「から」 대신 「より」를 쓰면 격식을 차린 정중한 표현이 된다. 또, 편지에
서 '～올림', '～로부터'는 「より」를 쓴다.

東京よりソウルの方が寒いです。　　도쿄보다 서울이 춥습니다.

式は午後1時より始まります。　　식은 오후 1시부터 시작됩니다.

【접속】 명사 + より

020 ~を ~을/를

우리말로는 모두 '을/를' 이지만, 대표적인 용법은 다음 3가지로 나눌 수 있다.

毎朝新聞を読みます。　　　　매일 아침 신문을 읽습니다.　　〈목적격 조사〉

飛行機が空を飛びます。　　　비행기가 하늘을 납니다.　　　〈통과의 を〉

毎朝7時に家を出ます。　　　매일 아침 7시에 집을 나섭니다.　〈출발기점〉

【접속】명사 + を

▶▶▶ 조사주의해야 할 조사	( )안에 들어갈 조사는?
❶ 사과를 좋아하다	りんご(　)すきだ
❷ 노래를 잘하다	歌(　)上手だ
❸ 요리를 할 수 있다	料理(　)できる
❹ 친구를 만나다	友達(　)会う
❺ 버스를 타다	バス(　)乗る
❻ 출구를 나오다	出口(　)出る
❼ 모자를 갖고 싶다.	ぼうし(　)ほしい
❽ 어머니께(편지)	お母さん(　)
❾ 화장실이 어디죠?	トイレ(　)どこですか
❿ 여행을 가다	旅行(　)行く
⓫ 하루에 3번	1日(　)3回
⓬ 혼자서 가다	ひとり(　)行く
⓭ 1000엔밖에 없습니다.	1000円(　)ありません
⓮ 영어보다 일어가 어렵다.	英語(　)日本語の方がむずかしい

답 1.が 2.が 3.が 4.に 5.に 6.を 7.が 8.へ 9.は 10.に 11.に 12.で 13.しか 14.より

21

01 昨日ここに誰が来ました_____。

어제 여기에 누가 왔었습니까?

02 明日、雨がふる_____どうかはっきりわかりません。

내일 비가 올지 어떨지 확실히 모르겠습니다.

03 何を食べる_____考えてください。

무엇을 먹을지 생각해 주세요.

04 クラスの中_____中村さんが一番歌が上手です。

반에서 나카무라 씨가 제일 노래를 잘합니다.

05 風邪をひいて、熱が出た_____宿題ができませんでした。

감기에 걸려, 열이 나서 숙제를 할 수 없었습니다.

06 「日本の方ですか。」「いいえ、中国_____来ました。」

'일본 분이세요?' '아뇨, 중국에서 왔어요.'

07 道がこんでいる_____地下鉄で行きましょう。

길이 막히니까 지하철로 갑시다.

08 ソウル_____プサンまでバスで4時間かかります。

서울에서 부산까지 버스로 4시간 걸립니다.

09 毎年3月から5月_____とても忙しいです。

매년 3월에서 5월까지 아주 바빠요.

10 私はもっと小さいテープレコーダー_____ほしいです。

나는 좀더 작은 테이프리코더를 갖고 싶어요.

11 私はスポーツ＿＿＿得意な方です。

저는 운동을 좀 잘하는 편이에요.

12 彼は10キロ＿＿＿ふとりました。

그는 10킬로그램 정도 살이 쪘습니다.

13 この肉は安いです＿＿＿おいしいです。

이 고기는 싸지만 맛있습니다.

14 飛行機で1時間＿＿＿かかりません。

비행기로 한 시간밖에 걸리지 않습니다.

15 パーティーの時間まで30分＿＿＿ありません。

파티시간까지 30분밖에 없어요.

16 学生食堂＿＿＿ごはんを食べます。

학생 식당에서 밥을 먹습니다.

17 パソコン＿＿＿ゲームをします。

PC로 게임을 합니다.

18 ここでは日本語＿＿＿話してください。

여기서는 일본어로 얘기하세요.

19 小麦粉＿＿＿パンを作ります。

밀가루로 빵을 만듭니다.

20 地震＿＿＿大きな被害が出ました。

지진으로 큰 피해가 났습니다.

21 果物の中_____すいかがいちばん好きです。

과일 중에서 수박을 가장 좋아합니다.

22 大学_____海外留学生を募集してします。

대학에서 해외유학생을 모집하고 있습니다.

23 彼女を笑顔_____送ってあげましょう。

그녀를 웃는 얼굴로 보내 줍시다.

24 素顔_____写真をとりました。

맨얼굴로 사진을 찍었습니다.

25 みんな_____サッカーの応援をしました。

다같이 축구응원을 하였습니다.

26 果物とおかしを買いました。全部_____500円でした。

과일하고 과자를 샀습니다. 전부해서 500엔이었습니다.

27 さくら_____梅などの花がさいています。

벗꽃이나 매화 등 꽃이 피어 있습니다.

28 この山の中_____しかが住んでいます。

이 산 속에 사슴이 살고 있습니다.

29 タクシーなら10分_____駅まで行けます。

택시라면 10분이면 역까지 갈 수 있습니다.

30 昨日は病気_____寝ていました。

어제는 아파서 잤어요.

31 この料理は牛乳とたまご_____つくりました。

이 음식(요리)은 우유와 계란으로 만들었습니다.

32　昨日は学校までバス＿＿行きました。

어제는 학교까지 버스로 갔습니다.

33　雨＿＿＿川の水がきたなくなりました。

비때문에 하천의 물이 더러워졌습니다.

34　スパゲッティを食べ＿＿＿行きます。

스파게티를 먹으러 갑니다.

35　宿題を出し＿＿＿来ました。

숙제를 제출하러 왔습니다.

36　図書館へ本を返し＿＿＿行きます。

도서관에 책을 반환하러 갑니다.

37　このたまごは6個＿＿＿300円です。

이 계란은 6개에 300엔입니다.

38　日本に旅行＿＿＿行きたいです。

일본에 여행을 가고 싶습니다.

39　友達＿＿＿電話をします。

친구에게 전화를 합니다.

40　すずきさん＿＿＿ピアノを習いました。

스즈키 씨한테서 피아노를 배웠습니다.

41　彼のあつかましさ＿＿＿おどろきました。

그의 뻔뻔함에 놀랐습니다.

42　私は医者＿＿＿なるつもりです。

나는 의사가 될 작정입니다.

43 そのことを誰＿＿＿＿聞きましたか。

그 일을 누구한테 들었습니까?

44 田中さんは貿易会社＿＿＿＿つとめています。

다나카 씨는 무역회사에 근무하고 있습니다.

45 ここは人が多いです＿＿＿＿。

이곳은 사람이 많군요.

46 駅＿＿＿＿となりに病院があります。

역 옆에 병원이 있습니다.

47 「風邪をひいて、昨日から頭が痛いです。」「それは、大変です＿＿＿＿。」

'감기에 걸려 어제부터 머리가 아파요.' '그것 안됐군요.'

48 彼が田中さんです＿＿＿＿?

그가 다나카 씨죠?

49 机の上にあるのは、私＿＿＿＿教科書です。

책상 위에 있는 것은 제 교과서입니다.

50 私＿＿＿＿得意な科目は数学です。

제가 잘하는 과목은 수학입니다.

51 私は映画を見る＿＿＿＿が好きです。

저는 영화를 보는 것을 좋아합니다.

52 彼は野球よりサッカー＿＿＿＿方が上手です。

그는 야구보다 축구 쪽을 잘합니다.

53 これはだれが食べた＿＿＿＿ですか。

이건 누가 먹은 거예요?

54 お酒＿＿＿好きですが、タバコ＿＿＿＿すいません。

술은 좋아합니다만, 담배는 피우지 않습니다.

55 つめたいビール＿＿＿＿飲みたいです。

시원한 맥주를 마시고 싶습니다.

56 来月、国＿＿＿＿帰るつもりです。

다음 달에, 고향에 돌아갈 생각이에요.

57 彼女は日本語＿＿＿＿英語＿＿＿＿できます。

그녀는 일본어도 영어도 할 줄 압니다.

58 川村さん＿＿＿＿田中さんも来ます。

가와무라씨랑 다나카 씨도 옵니다.

59 <ruby>横断歩道<rt>おうだん ほ どう</rt></ruby>＿＿＿＿わたる。

횡단보도를 건너다.

정답									
01 か	02 か	03 か	04 で	05 から	06 から	07 から	08 から	09 まで	10 が
11 が(は)	12 く(ぐ)らい	13 が	14 しか	15 しか	16 で	17 で	18 で	19 で	20 で
21 で	22 で	23 で	24 で	25 で	26 で	27 や	28 に	29 で	30 で
31 で	32 で	33 で	34 に	35 に	36 に	37 で	38 に	39 に	40 に(から)
41 に	42 に	43 に(から)	44 に	45 ね	46 の	47 ね	48 ね	49 の	50 の(か)
51 の	52 の	53 の(ん)	54 は, は	55 が	56 に(へ)	57 も, も	58 も(や,と)	59 を	

27

021 こ そ あ ど

'이, 그, 저, 어느'의 기본 개념이다.

❶ これ それ あれ どれ (사물)

「田中さんのコートはどれですか。」「それです。」
'다나카 씨 코트가 어떤 거예요?' '그거예요.'

❷ この その あの どの (연체사)

「お母さんはどのバスで来ますか。」「あのバスです。」
'어머니는 어느 버스로 옵니까?' '저 버스예요.'

❸ ここ そこ あそこ どこ (장소)

「それはどこの車ですか。」「日本の車です。」
'그것은 어느 나라 차예요?' '일본 차예요.'

❹ こんな そんな あんな どんな (연체사)

どんな映画が好きですか。 어떤 영화를 좋아하세요?

❺ こちら そちら あちら どちら (방향·사람)

「山本さん、こちらはスミスさんです。」 야마모토 씨, 이쪽은 스미스 씨입니다.

> **그 사람 - その人와 あの人**

우리말의 '그것, 그, 거기' 등은 일본어의 경우 「それ, その, そこ」나 「あれ, あの, あそこ」로 구별된다. 「そ」로 시작하는 경우는 말하는 사람만 알고 있는 것, 「あ」로 시작할 때는 서로가 알고 있는 사항일 때 쓰인다. 즉, 「あの人」는 서로가 알고 있을 때, 「その人」는 말하는 사람은 알지만 상대는 모를 때, 또는 상대가 말하는 '그 사람'이란 뜻으로 그 사람에 대한 정보가 없을 때 쓴다.

A : すずきさんを知っていますか。 　　스즈키 씨 알아요?

B : その人はLGの人ですか。 　　그 사람 LG에 다니는 사람인가요?

A : はい。 　　네.

B : ああ、あの人なら知ってますよ。 　　아, 그 사람이라면 알아요.

022 **～ごろ(頃)** ～쯤, 경

'～경, ～쯤'은 ごろ로, '시절, 무렵'은 ころ로 읽는다. 子供(こども)の頃(ころ)(어렸을 적)

明日の10時ごろ来てください。
내일 10시쯤 와 주세요.

今朝、何時ごろ会社につきましたか。
오늘 아침 몇 시쯤 회사에 왔습니까?

【접속】명사 + ごろ

023 **～という** ～라고 하는

「～という」(～라고 하다)의 명사수식형이다. 문장 끝에서는 「～といいます」(～라고 합니다)
와 같이 쓴다.

これは何というスポーツですか。
이것은 무슨 스포츠입니까?

これはチャングという楽器です。
이것은 장구라는 악기입니다.

それは「可能性がある」という意味でしょう。
그것은 '가능성이 있다' 는 뜻이겠죠.

【접속】명사 + という + 명사

29

024 　～の / ～なの　　　　　　　　～ㄴ 것

「の」가 イ형용사, ナ형용사, 동사를 명사구로 만들어주는 형식명사로 쓰인 경우이다.

もうちょっと安(やす)いのを見(み)せてください。〈イ형용사 접속〉

좀 더 싼 것을 보여 주세요.

もうちょっときれいなのはありませんか。〈ナ형용사 접속〉

좀 더 깨끗한 것은 없습니까?

彼女(かのじょ)がタバコをすうのを見(み)ました。〈동사 접속〉

그녀가 담배를 피우는 것을 봤습니다.

【접속】 イ형용사・동사의 보통형 + の / ナ형용사의 사전형 + なの

025 　～です　　　　　　　　　～니다

기본적으로 명사와 형용사에 접속하지만, 「동사의 보통형 + ん(の)です」와 같이 쓰여서 이유나 변명, 설명을 할 때 쓰기도 한다.

「田中(たなか)さんのお子(こ)さんはいくつですか。」「2歳(さい)です。」〈명사 접속〉

'다나카 씨의 자녀는 몇 살입니까?' '두 살입니다.'

あのレストランの料理(りょうり)はとてもおいしいです。〈イ형용사 접속〉

그 레스토랑의 요리는 아주 맛있어요.

私(わたし)の家(いえ)は駅(えき)の近(ちか)くです。それでとても便利(べんり)です。〈ナ형용사 접속〉

우리집은 역 근처입니다. 그래서 아주 편리합니다.

【접속】 명사, イ형용사, ナ형용사의 사전형 + です

【참고】 近(ちか)くは '근처, 가까운 곳' 이란 뜻의 명사로 쓰였다.

026 ～でしょう ～일 것입니다〈추측〉

「でしょう」를 끝을 올려서 발음하면 '이지요?' 라는 뜻으로 확인을 나타낸다. 「このピザおい
しいでしょう?」(이 피자 맛있죠?)

あの人はたぶん学生でしょう。

저 사람은 아마 학생일 겁니다.

「山中さん遅いですね。」

「ええ、でももうすぐ来るでしょう。」

'야마나카 씨는 늦네요.' '네, 하지만 곧 올 거예요.'

- -

【접속】 명사, 동사, イ형용사, ナ형용사의 사전형 + でしょう

> **유사표현 「～だろう」**
>
> 「だろう」는 문어체로 쓸 때는 남녀 상관없이 쓰지만, 회화체에서는 보통 남자가 쓴다.
>
> ・彼はたぶん学生だろう。 그는 아마 학생일 거야.
>
> ・このピザおいしいだろ? 이 피자 맛있지?
>
> 「だろ」는 「だろう」의 축약형이다.

027 ～でした ～이었습니다

「です」의 과거형이다. 부정형은 「～ではありませんでした」. イ형용사는 おもしろいでしたが
아니라 おもしろかったです와 같이 「～かったです」로 표현해야 한다.

父は医者でした。〈명사 접속〉

아버지는 의사였습니다.

姉はピアノが上手でした。〈ナ형용사 접속〉

언니는 피아노를 잘 쳤습니다.

- -

【접속】 명사, ナ형용사의 사전형 + でした

～かった(です) ~었다(었습니다)

☐
☐ イ形容詞의 과거표현이다. 부정형은 '～くなかった(です), ～くありません(でした)'. ※ 주의 : 「いい(よい)」는 과거나 부정형이 될 때는 「よくない, よかった, よくなかった」가 된다.

山田さんの荷物はとても重かったです。
야마다 씨 짐은 아주 무거웠습니다.

その映画はとてもよかったです。
그 영화는 아주 좋았습니다.

「息子さんの運動会はどうでしたか?」「楽しかったですよ。」
'아들 운동회는 어땠어요?' '즐거웠어요.'

【접속】イ形容詞의 과거형 만드는 법 : 어미 い를 떼고 かった를 붙인다.

～く～ ~하게〈부사형〉

☐
☐ イ形容詞의 부사형이다. 「～くする」는 '～하게 하다', 「～くなる」는 '～해지다'란 뜻으로 변화를 나타낸다. 단, 「近(ちか)く」「遠(とお)く」는 '근처', '먼 곳'이란 뜻으로 명사로 쓰인다. ※ 주의 : 「いい(よい)」는 「よく」가 되고 '자주, 잘'이라는 뜻으로 쓰인다.

部屋をもっと明るくしてください。
방을 좀 더 밝게 해 주세요.

時間がありません。早くしてください。
시간이 없어요. 빨리 해 주세요.

きのうのテストはよくできました。
어제 시험은 잘 봤습니다.

これは忠告によく使われる表現です。
이것은 충고에 자주 사용되는 표현입니다.

【접속】イ形容詞의 어미 「い」를 떼고 + く + 동사

～くて 〜하고

イ형용사의 て형이다. 부정형은 「～くなくて」가 된다.

この果物は甘くておいしいです。

이 과일은 달고 맛이 있습니다.

鈴木さんの自転車は新しくてきれいです。

스즈키 씨 자전거는 새것이고 깨끗합니다.

このケーキは甘くなくておいしいです。

이 케익은 달지 않고 맛있습니다.

【접속】 イ형용사의 어미 「い」를 떼고 + くて

---

031 **～くないです** 〜하지 않습니다〈부정형〉

イ형용사에 부정의 ない가 접속할 때는 어미 い가 く로 바뀐다. 「ないです = ありません」이므로, 「～くないです」 대신 「～くありません」도 많이 쓴다. 「～くないです」는 회화체의 느낌이 강하고, 「～くありません」은 문장체의 느낌이 강하다.

むすめの自転車は新しくない。

딸아이 자전거는 새것이 아니다.

私の部屋は広くないです。

제 방은 넓지 않습니다.

この料理はおいしくありません。

이 요리는 맛이 없습니다.

両親はあまり仲がよくないです。

부모님은 별로 사이가 좋지 않습니다.

【접속】 イ형용사의 어미 「い」를 떼고 + くないです

032 **～では（じゃ）ありません** ～하지 않습니다〈부정형〉

☐
☐ 「ではありません」의 보통표현은 「ではない（じゃない）」.

① 〈ナ형용사 접속〉

お酒はあまり好きではありません。
술은 별로 좋아하지 않습니다.

私は絵が上手じゃありません。
저는 그림을 잘 못 그립니다.

② 〈명사 접속〉

この人は私の兄ではありません。
이 사람은 제 오빠가 아닙니다.

ここは銀行じゃありません。
여기는 은행이 아닙니다.

- -
【접속】명사・ナ형용사의 사전형 ＋ ではありません（じゃありません）

033 **～な** ～(ナ형용사)한

☐
☐ 명사를 수식할 때 な형으로 꾸미는 것이 ナ형용사의 특징이다. 사전에는 어간의 형태만 나온다.

田中さんは勉強をして、立派な医者になりました。
다나카 씨는 공부를 해서 훌륭한 의사가 되었습니다.

そこはとても静かな部屋です。
거기는 아주 조용한 방입니다.

モダンなデザインですね。
모던한 디자인이군요.

- -
【접속】ナ형용사의 사전형 ＋ な ＋ 명사

034 　〜で　　　　　　　　　　　　〜이고, 〜하고

기본적으로 て(하고, 해서)의 기능을 하는 표현이다. 명사와 ナ형용사에 접속할 때는「で」,
イ형용사에 접속할 때는「くて」로 쓰인다.

① 〈명사 접속〉

これは日本語の辞書で、あれは英語の辞書です。

이것은 일본어사전이고, 저것은 영어사전입니다.

② 〈ナ형용사 접속〉

ここはとても静かでいい所です。

여기는 아주 조용하고 좋은 곳입니다.

【접속】 명사 · ナ형용사의 사전형 + で

035 　〜に　　　　　　　　　　　　〜(ナ형용사)하게〈부사형〉

ナ형용사의 부사형을 만든다. イ형용사의 부사형은「〜く」.

すみませんが、少し静かにしてください。

죄송합니다만, 좀 조용히 해 주세요.

部屋をきれいに掃除しました。

방을 깨끗하게 청소했습니다.

子供達が元気に走っています。

아이들이 건강하게 달리고 있습니다.

田中さんはギターを上手にひけます。

다나카 씨는 기타를 능숙하게 칠 줄 압니다.

【접속】 ナ형용사의 사전형 + に + 동사

～くなる / ～になる ～해지다

변화를 나타낸다. 「～くする/～にする」(~하게 하다)와 세트로 기억하자. 명사는 「명사+に なる」로 쓰인다. ・静(しず)かにしてください。(조용히 해 주세요.) ・静(しず)かになりました。(조용해졌습니다.) ・医者(いしゃ)になりたい。(의사가 되고 싶다.)

① 〈イ형용사 접속〉

天気(てんき)がよくなりました。
날씨가 좋아졌습니다.

空(そら)が暗(くら)くなりました。
하늘이 어두워졌습니다.

たくさん食(た)べたのでおなかが痛(いた)くなりました。
많이 먹었더니 배가 아픕니다(아파졌습니다).

② 〈ナ형용사 접속〉

体(からだ)が丈夫(じょうぶ)になりました。
몸이 튼튼해졌습니다.

店(みせ)や銀行(ぎんこう)ができてにぎやかになりました。
가게나 은행이 생겨서 번화하게 되었습니다.

【접속】① イ형용사의 어미 「い」를 떼고 + くなる ② ナ형용사의 사전형 + になる

ある / いる 있다

사물이나 식물은 「ある」, 사람이나 동물, 움직이는 것은 「いる」로 표현한다. 「ある」의 반대 말은 「ない」, 「いる」의 반대말은 「いない」.

A: 明日(あした)一緒(いっしょ)に映画(えいが)を見(み)ませんか。

B: 明日(あした)はちょっと仕事(しごと)があります。

A:내일 같이 영화 보러 가지 않을래요? B:내일은 일이 좀 있습니다.

木の上にきれいな鳥がいます。

나무 위에 아름다운 새가 있습니다.

あそこに私の父がいます。

저기에 우리 아버지가 있습니다.

【접속】명사 + が + ある(사물, 식물)/いる(사람, 동물)

---

038 **〜ます**   **〜합니다**

형태는 현재형이지만, 가까운 미래나 습관을 나타내기도 한다. 부정형은 「〜ません(〜하지 않습니다)」.

はがきに切手をはります。

엽서에 우표를 붙입니다.

毎朝シャワーをあびます。

매일 아침 샤워를 합니다.

A: テレビをよく見ますか。

B : そうですね、毎日は見ません。

A:텔레비전은 자주 봐요? B:글쎄요, 매일은 안 봐요.

【접속】동사의 ます형 만드는 법

1류동사	동사의 끝음 う단음을 い단음으로 바꾸어준다.
	かく(ku) … かき(ki)ます よむ(mu) … よみ(mi)ます
2류동사	어미 る를 떼어낸다.
	みる … みます たべる … たべます
3류동사	くる … きます する … します

～ました   ~했습니다

ます의 과거형이다. 부정형은 「～ませんでした」昨日、学校に行きませんでした。(어제 학교
에 안 갔습니다.)

ひらがなは全部覚えましたが、カタカナはまだです。

히라가나는 다 외웠지만, 가타카나는 아직입니다.

今日はたくさん仕事をしたから、とても疲れました。

오늘은 일을 많이 해서 아주 피곤합니다.

【접속】동사의 ます형 + ました

～ませんか   ~하지 않을래요?

가볍게 '～하자'고 권할 때 쓰는 표현이다. 「～ましょう」만큼 적극적이진 않지만, 상대의
의향을 정중하게 묻는 권유표현이다.

A: 私の家へ遊びに来ませんか。

B: はい、ありがとうございます。」

우리 집에 놀러 오지 않을래요? / 네, 고맙습니다.

A: あした一緒に食事をしませんか。

B: ええ、いいですよ。

내일 같이 식사 안 할래요? / 네, 좋아요.

【접속】동사의 ます형 + ませんか

041 ～ましょう　　　　　～합시다

적극적인 권유표현이다. 단, 「～ましょうか」는 '하실까요?' 하고 묻는 말이지만, 당신을 위해 어떤 일을 해드릴까요? 하고 물을 때 「～てあげる」 대신 쓰일 경우가 많다.

A: あした一緒にテニスをしませんか。

B: ええ、そうしましょう。

내일 같이 테니스를 안 칠래요? / 그래요, 합시다.

本だなに本を並べましょうか。

책장에 책을 진열할까요?

【접속】동사의 ます형 + ましょう

042 ～たい　　　　　～고 싶다

희망을 나타내는 조동사로 화자의 요구·강한 희망을 나타낸다. 모양이 イ형용사와 같기 때문에, イ형용사식으로 활용한다. 부정형은 '～たくないです(～たくありません)'. 앞에 목적어가 올 때는 기본적으로 조사 「が」를 쓴다.

明日はゆっくり休みたいです。	내일은 푹 쉬고 싶습니다.
どんな所に住みたいですか。	어떤 곳에 살고 싶습니까?
果物は食べたくないです。	과일은 먹고 싶지 않습니다.

【접속】동사의 ます형 + たい

「～が～たい」와 「～を～たい」

「～が～たい」는 주로 생리적, 정신적 만족감을 얻기 위한 욕구를 나타낼 때, 「～を～たい」는 그 대상을 '어떻게 하고 싶은가'라는 행위에 포커스를 둘 때 쓴다. 즉 「～が～たい」는 「～が」부분에, 「～を～たい」는 「～たい」부분에 주어의 의도가 들어 있다.

・くるまが買いたい　　　　　차를 사고 싶다.
・むすめをいい大学に入れたい。　딸을 좋은 대학에 넣고 싶다.
・千円さつを小銭に替えたい。　천엔 짜리를 잔돈으로 바꾸고 싶다.

| 043 | **ほしい** | 갖고 싶다 |

'~가 필요하다' '~을 갖고 싶다'는 뜻.「ほしい」는 イ형용사이므로 앞에 목적격조사「~を」를 쓰지 않고, 「~が」를 쓴다는 것을 꼭 기억해야 한다. 단, '~를 갖고 싶어하다'는「~をほしがる」라고 한다. 과거형은「~ほしかった(です)」.

私は新しいかばんがほしいです。

저는 새 가방을 갖고 싶습니다.

このパソコンが前からほしかったです。

이 PC를 전부터 갖고 싶었어요.

【참고】「동사 + てほしい」형태로 '(상대방이)~해줬으면 좋겠다'는 문형으로도 쓰인다.

| 044 | **~ながら** | ~하면서 |

동시에 두 가지 동작을 할 때 쓰는 표현으로, 주된 동작이 뒤에 온다.

食べながら話さないでください。

먹으면서 말하지 마세요.

音楽を聞きながらお茶を飲みます。

음악을 들으면서 차를 마십니다.

田中さんは新聞を読みながらみかんを食べています。

다나카 씨는 신문을 읽으면서 귤을 먹고 있습니다.

彼は涙を流しながら言っていた。

그는 눈물을 흘리며 말하였다.

その事実を知っていながら知らないふりをした。

그 사실을 알고 있으면서 모르는 척을 했다.

【접속】동사의 ます형 + ながら

【참고】「동사 + ながら」의 형태로 '~하면서 ~하지 않는다'는 뜻으로 쓸 때도 있다.

045 ～て / ～で　　　　　　　　①～하고 ②～해서

「～て」에는 '～하고'의 뜻으로 행동의 순서를 나타내는 것과, '～해서 그 결과'의 뜻으로 소극적인 이유를 나타내는 기능이 있다. 부정형은 「～ないで(～지 않고)」와 「～なくて(～지 않아서)」 두 가지가 있으므로 주의해야 한다.

私はコーヒーにさとうを入れて飲みます。

저는 커피에 설탕을 넣어서 마십니다.

新聞を読んで、そのニュースを知りました。

신문을 보고 그 소식을 알게 되었습니다.

かぜをひいて、熱が出ました。

감기에 걸려 열이 났습니다.

【접속】 동사의 て형 만드는 법(1류동사에서 음편(音便)현상이 일어난다.)

1류동사	う, つ, る로 끝나는 것	かう … かって　まつ … まって　とる … とって
		いく … いって(예외)
	ぬ, ぶ, む로 끝나는 것	しぬ … しんで　よぶ … よんで　よむ … よんで
	く, ぐ로 끝나는 것	かく … かいて　およぐ … およいで
	す로 끝나는 것(음편이 없음)	はなす … はなして
2류동사	어미 る를 떼어낸다.	みる … みて　たべる … たべて
3류동사	くる … きて　する … して	

046 ～てから　　　　　　　　～하고 나서, ～한 후에

「～て」가 '～하고'의 뜻으로 동작을 연결하는 것이라면, 「～てから」는 순서의 앞뒤를 분명히 나타낸다. '앞 동작을 하고 나서 그 다음에'라는 뜻이다.

夜は歯をみがいてから寝ます。　　밤에는 이를 닦고 나서 잡니다.

A: 今すぐ大山さんの家へ行きますか。

B: いいえ、電話をかけてから行きます。

바로 오오야마 씨 집으로 갈 거예요? / 아뇨, 전화를 하고 나서 갈 거예요.

【접속】 동사의 て형 + てから

「～てから」와「～た後で」

「～た後で」(~한 뒤에)는 바로 이어지는 느낌보다는 '앞의 동작이 끝난 뒤에' 라는 뉘앙스가 있다. 또,「後で」뒤에는 주어와 술어로 된 문장이 오는 것이 보통이다.

· 夜は歯をみがいてから寝ます。 밤에는 이를 닦고 나서 잡니다. (た後で로 바꿀 수 없다.)
· ご飯を食べた後で、この薬を飲みます。 밥을 먹고 나서 이 약을 먹습니다.(てから로 바꿀 수 있다.)

---

047 **～ている**　　　　　　　　　　　　　~어/아 있다〈상태〉

과거에 만들어진 상태가 지금도 유지되고 있음을 나타낸다. 항상 ている를 쓰는 표현은 結婚している(결혼했다), 住(す)んでいる(살고 있다), 知(し)っている(알고 있다), めがねをかけている(안경을 쓰고 있다), 愛(あい)している(사랑하다), 似(に)ている(닮았다) 등이 있다. 「～ている」는 회화체에서 「い」가 생략되는 경우가 많다.

冷蔵庫に果物が入っています。

냉장고에 과일이 들어 있습니다.

A: 店は開きましたか。

B: いいえ、まだ閉まっています。

가게는 열었어요? / 아뇨, 아직 안 열렸어요.

A: 辞書を貸してください。

B: ごめんなさい、持っていません。

사전을 빌려 주세요. / 죄송해요. 안 갖고 있어요.

【접속】자동사의 て형 + ている
【참고】자동사는 앞에 조사「が」를 수반하는 동사. 그 동작이 저절로 그렇게 된다는 뜻을 내포하고 있다.

048　～ている　　　　　　　　～고 있다〈진행〉

부정형은 「～ていません」, 과거형은 「～ていました」, 과거부정형은 「～ていませんでした」.
「～ています」는 진행외에 반복적이고 습관적인 행위를 나타내기도 한다.

鳥がたくさん空を飛んでいます。 많은 새가 하늘을 날고 있습니다.

A: 図書館の本はかえしましたか。

B: いいえ、まだ読んでいます。

도서관에 책은 돌려 줬어요? / 아뇨, 아직 읽고 있어요.

彼はいま部屋で寝ています。

그는 지금 방에서 자고 있어요.

【접속】동사의 て형 + ている

049　～てある　　　　　　　　～어/아 있다〈상태〉

단순히 그렇게 되어 있는 상태가 아니라 누군가가 어떤 목적에 의해 그렇게 해두었다는 뉘
앙스가 내포된 표현으로 인위적인 상태를 나타낸다.

そこの机の上にボールペンが置いてあります。

거기 책상 위에 볼펜이 놓여 있습니다. (그렇게 놔 두었다.)

部屋の電気がつけてあります。

방의 불이 켜져 있습니다. (켜 놓았다.)

これは私のかさですよ。私の名前が書いてあります。

이것은 제 우산이에요. 제 이름이 적혀 있습니다.(적어 놓았다.)

【접속】타동사의 て형 + てある
【참고】타동사는 앞에 목적어인 조사 「を」를 수반하는 동사로 구체적인 동작을 취하는
　　　　동사를 말한다.

050 〜てください　　　　〜해 주세요

가벼운 명령표현. 더 정중한 표현은 「〜てくださいませんか(〜해 주시지 않겠습니까?)」.

わからない人は質問してください。　　　모르는 사람은 질문하세요.

教室を出てください。　　　교실을 나가 주세요.

パンを半分に切ってください。　　　빵을 반으로 잘라 주세요.

【접속】동사의 て형 + てください

051 〜た + 명사　　　　〜한〜

「〜た」는 て형과 동일한 음의 변화(음편:音便)가 일어난다. て형에 해당하는 것으로는 「〜た」「〜たり」「〜たら」 등이 있다.

これは私が作ったおかしです。どうぞ食べてみてください。

이것은 제가 만든 과자입니다. 어서 드셔 보세요.

今朝入った喫茶店はとてもきれいでした。

오늘 아침에 간 커피숍은 아주 깨끗했습니다.

【접속】동사의 て형 + た

052 〜たまま　　　　〜한 채

어떤 동작이 끝나지 않고 같은 상태를 유지하고 있음을 나타낸다.

窓を開けたまま出かけてしまいました。

창문을 연 채로 나가 버렸습니다.

車が止まったまま動きません。

차가 멈춘 채 움직이지 않습니다.

日本ではくつをはいたまま部屋に入ってはいけません。

일본에서는 신발을 신은 채 방에 들어가면 안됩니다.

【접속】동사의 て형 + たまま

053 ～ない   동사의 부정형

동사의 부정표현이다. 반말체에서 의지성 동사의 경우「行かない。」처럼 부정형으로 문장이 끝나면 '~하지 않겠다'는 뜻으로 화자의 결심을 나타내고,「行かない?」처럼 끝을 올려 발음하면 '안갈래?' 하고 묻는 의문문이 된다. ない형과 연결되는 대표적인 문형으로는「～ないほうがいい」「～ないでください」「～なければならない」등이 있다.

朝は忙しくて新聞は読まない。   아침에는 바빠서 신문을 안 읽는다.

私はたばこはすわない。   나는 담배는 피우지 않는다.

これからは遅刻しない。   이제부터는 지각하지 않겠다.

【접속】동사의 부정형 만드는 방법

1류동사	동사의 끝음 う단음을 あ단음으로 바꾸어준다.
	かく(ku) … かか(ka)ない よむ(mu) … よま(ma)ない
2류동사	어미 る를 떼어낸다. みる … みない たべる … たべない
3류동사	くる … こない する … しない

> ### ないで와 なくて
>
> 「동사+ないで(=ずに)」는 '~하지 않고', '~하지 말고'의 뜻으로 대표적인 문형은 「ないでください」,「ないでほしい」,「ないで~する」가 있다.「동사+なくて」는 '~하지 않아서'의 뜻으로 가벼운 이유를 나타낸다.「ないで」는 동사에만 쓸 수 있고,「なくて」는 명사, イ형용사, ナ형용사에도 쓸 수 있다.
>
> ・本を見ないで答えてください。   책을 보지 말고 답해 주세요.
> ・この子は手を洗わないでごはんを食べました。 얘는 손을 안 씻고 밥을 먹었습니다.
> ・朝ごはんを食べないで学校に行きました。   아침을 먹지 않고 학교에 갔습니다.
> ・道がわからなくて困りました。   길을 몰라서 곤란했습니다.
> ・おどろいて何も言えませんでした。   놀라서 아무말도 못했습니다.

45

～ないでください   ～하지 말아 주세요

☐
☐ 「～てください」의 반대표현.

<ruby>私<rt>わたし</rt></ruby>のケーキを<ruby>食<rt>た</rt></ruby>べないでください。   제 케익을 먹지 마세요.

<ruby>大<rt>おお</rt></ruby>きい<ruby>声<rt>こえ</rt></ruby>で<ruby>話<rt>はな</rt></ruby>さないでください。   큰소리로 이야기하지 마세요.

<ruby>危<rt>あぶ</rt></ruby>ないのでここで<ruby>泳<rt>およ</rt></ruby>がないでください。

위험하니까 여기서 헤엄치지 마세요.

<ruby>子供<rt>こども</rt></ruby>が<ruby>寝<rt>ね</rt></ruby>ているから、<ruby>大<rt>おお</rt></ruby>きい<ruby>声<rt>こえ</rt></ruby>で<ruby>歌<rt>うた</rt></ruby>わないでください。

아이가 자고 있으니까 큰소리로 노래 부르지 마세요.

【접속】동사의 부정형(ない형) + ないでください

あまり～ない   별로 ～지 않다

☐
☐ 뒤에는 반드시 부정형이 온다. イ・ナ형용사에 붙으면 '정도'가 높지 않음을, 동사에 붙으면 '빈도・양'이 많지 않음을 나타낸다.

<ruby>私<rt>わたし</rt></ruby>の<ruby>国<rt>くに</rt></ruby>の<ruby>冬<rt>ふゆ</rt></ruby>はあまり<ruby>寒<rt>さむ</rt></ruby>くありません。

우리 나라의 겨울은 별로 춥지 않습니다.

<ruby>日本<rt>にほん</rt></ruby>の<ruby>音楽<rt>おんがく</rt></ruby>はあまり<ruby>聞<rt>き</rt></ruby>きません。

일본 음악은 별로 듣지 않습니다.

【접속】あまり + 동사의 부정형 + ない(ません) / あまり + イ형용사의 부정형 + くない
(くありません) / あまり + ナ형용사의 부정형 + ではない(ではありません)

まだ～(ない)   아직 ～(지 않다)

☐
☐ '아직 ～안 했다'라고 할 때, 「まだ ～ません/ませんでした」가 아니라 「まだ～ていません」
로 표현하는 점을 꼭 기억해야 한다. 동사를 생략하고 「まだです」로만 말하기도 한다.

---

① 〈まだ + 긍정형〉

ジュースはもうありませんが、コーヒーはまだあります。

쥬스는 이미 없어졌지만, 커피는 아직 있습니다.

② 〈まだ + 부정형〉

A: 試験は始まりましたか。

시험은 시작했습니까?

B: いいえ、まだ始まっていません。

아뇨, 아직 시작 안 했습니다.

A: 私の作ったおかし、どうでしたか。

제가 만든 과자 어땠어요?

B: すみません。まだ食べていません。

죄송해요. 아직 못 먹어봤어요.

【접속】まだ + 동사의 て형 + いません
【참고】「まだ」와 대응되는 「もう(벌써)」도 함께 알아두자.
　　　 A: 映画は始まりましたか。
　　　 B: はい、もう始まりました。いいえ、まだ始まっていません。（いいえ、まだです。）

057　**〜前に**　　　　　　　　　　　〜기 전에

私はいつも寝る前に歯をみがきます。

저는 늘 자기 전에 이를 닦습니다.

試合の前に準備します。

시합 전에 준비합니다.

友達が来る前に部屋を掃除しました。

친구가 오기 전에 방을 청소했습니다.

【접속】동사의 사전형 + 前に / 명사(の) + 前に

　　● 순서를 나타내는 말

동사에 접속하는 형태가 다르므로 주의해야 한다.

「〜て」　　　　〜하고(단순히 동작을 이어주는 느낌)
「〜てから」　　〜하고 나서(순서의 느낌이 강하다)
「〜たあとで」　〜한 다음에(てから에 비해 연속적인 느낌이 덜하다.)
「〜る前に」　　〜하기 전에

47

01 私の誕生日は今日（ⓐが ⓑでは）ありません。
제 생일은 오늘이 아닙니다.

02 あれは、「すもう」（ⓐという ⓑいう）日本のスポーツです。
저건 '스모' 라는 일본의 스포츠입니다.

03 おかしはあまり好き（ⓐく ⓑでは）ありません。
과자는 별로 좋아하지 않습니다.

04 彼は昔野球選手（ⓐでした ⓑました）。
그는 옛날에 야구 선수였습니다.

05 「誰が一番早く来ましたか。」「私（ⓐですか ⓑです）。」
누가 가장 먼저 왔습니까? / 저예요.

06 今回のテストは、簡単（ⓐでした ⓑかったです）。
이번 시험은 쉬웠어요.

07 「（ⓐどの ⓑどれ）が駅に行くバスですか。」「あのバスです。」
어느것이 역으로 가는 버스예요? / 저 버스예요.

08 お国は（ⓐどちら ⓑどれ）ですか。
고향이 어디시죠?

09 ここは静か（ⓐで ⓑな）いい公園ですね。
여기는 조용하고 좋은 공원이네요.

10 コーヒーにさとうを入れて甘(ⓐいに ⓑく)してください。

커피에 설탕을 넣어 달콤하게 해 주세요.

11 スポーツは楽し(ⓐくて ⓑて)体にいいです。

스포츠는 즐겁고 몸에 좋습니다.

12 この部屋は ストーブがついていて、暖かい(ⓐです ⓑます)。

이 방은 난로가 켜져 있어서, 따뜻합니다.

13 昨日は暖かったのですが、今日は暖かく(ⓐて ⓑない)です。

어제는 따뜻했는데, 오늘은 따뜻하지 않습니다.

14 部屋をきれい(ⓐに ⓑで)掃除しました。

방을 깨끗하게 청소했습니다.

15 これはとても便利(ⓐする ⓑな)デジカメです。

이것은 아주 편리한 디지털카메라입니다.

16 彼女は最近とてもきれい(ⓐに ⓑく)なりました。

그녀는 요즘 아주 예뻐졌습니다.

17 韓国の物価が高(ⓐに ⓑく)なりました。

한국의 물가가 비싸졌습니다.

18 かばんに辞書を入れました。とても重(ⓐに ⓑく)なりました。

가방에 사전을 넣었습니다. 아주 무거워졌습니다.

19 もうすっかりあつ（ⓐいに ⓑく）なりましたね。

이제 완전히 더워졌지요.

20 私は将来医者（ⓐに ⓑが）なりたいです。

저는 장래에 의사가 되고 싶어요.

21 うそをつく（ⓐもの ⓑの）はよくないです。

거짓말을 하는 것은 좋지 않습니다.

22 月曜日から木曜日までテストが（ⓐあります ⓑいます）。

월요일부터 목요일까지 시험이 있습니다.

23 私は海で（ⓐ泳ぎ ⓑ泳いで）たいです。

나는 바다에서 헤엄치고 싶어요.

24 つめたいビールが（ⓐ飲み ⓑ飲んで）たいです。

차가운 맥주를 마시고 싶어요.

25 「このカメラはあなたのですか。」「いいえ、違い（ⓐです ⓑます）。」

이 카메라는 당신 거예요? / 아뇨, 아닙니다.

26 妹は去年生まれ（ⓐました ⓑでした）。今年一歳になります。

여동생은 작년에 태어났습니다. 올해 한 살이 됩니다.

27 「先に食事をしましょうか。」「ええ、そうし（ⓐましょう ⓑません）。」

먼저 식사를 하실까요? / 네, 그러죠.

28 さあ、がんばって頂上まで登り（ⓐでしょう ⓑましょう）。

자, 힘을 내어 정상까지 오릅시다.

29 「明日、いっしょに映画を見(ⓐませんか ⓑましたか)。」「ええ、いいですよ。」

내일 같이 영화를 보지 않을래요? / 네, 좋아요.

30 朝ごはんはいつもパンを食べ(ⓐました ⓑます)。

아침밥은 늘 빵을 먹습니다.

31 コーヒーを(ⓐ飲み ⓑ飲む)ながら音楽を聞きませんか。

커피를 마시면서 음악을 듣지 않을래요?

32 私はとなりの町から2時間もかけて(ⓐ歩いて ⓑ歩きて)きました。

나는 이웃마을에서 2시간이나 걸려 걸어왔습니다.

33 朝ごはんを(ⓐ食べて ⓑ食べって)学校に行きます。

아침을 먹고 학교에 갑니다.

34 雪が(ⓐ降て ⓑ降って)飛行機がおくれました。

눈이 와서 비행기가 늦었습니다.

35 最近むすこがごはんを食べ(ⓐないで ⓑなくて)心配です。

요즘 아들녀석이 밥을 먹지 않아서 걱정이에요.

36 宿題をして(ⓐから ⓑあとで)遊びなさい。

숙제를 하고 나서 놀아라.

37 日記を書く(ⓐ前に ⓑあとで)おふろに入ります

일기를 쓰기 전에 목욕을 합니다.

38 あそこにコートがかかって(ⓐいます ⓑあります)。

저기에 코트가 걸려 있습니다.

39 私は毎日ジョギングをして（ⓐいます ⓑあります）。

나는 매일 조깅을 합니다.

40 今日は強い風がふいて（ⓐいます ⓑあります）。

오늘은 강한 바람이 불고 있습니다.

41 銀行の前に車が（ⓐ止まって ⓑ止まて）います。

은행 앞에 차가 서 있습니다.

42 あの大きい橋を渡って、右に（ⓐ曲がって ⓑ曲がて）ください。

저 큰 다리를 건너, 오른쪽으로 도세요.

43 授業中ですから、教室のドアを（ⓐ開か ⓑ開けないで）ください。

수업중이니까, 교실 문을 열지 마세요.

44 めがねをかけた（ⓐながら ⓑまま）顔を洗ってしまいました。

안경을 쓴 채 세수를 하고 말았습니다.

45 これは去年京都で（ⓐとった ⓑとた）写真です。

이건 작년에 교토에서 찍은 사진이에요.

46 発表する（ⓐ前に ⓑあとで）練習します。

발표하기 전에 연습을 합니다.

47 泳ぐ（ⓐながら ⓑ前に）運動をします。

수영하기 전에 운동을 합니다.

48 先生にまだ電話をかけて（ⓐいません ⓑありません）。

선생님께 아직 전화를 걸지 않았습니다.

49 今晩一杯やり（ⓐませんか ⓑしませんか）。

오늘밤 한 잔 하지 않을래요?

50 「宿題はやりましたか。」「まだやって（ⓐありません ⓑいません）。」

숙제는 했어요? / 아직 안 했어요.

51 ダイエットのために晩ごはんは（ⓐ食べない ⓑ食べる）。

다이어트를 위해 저녁밥은 먹지 않는다.

52 私の家は駅から（ⓐとても ⓑあまり）近くありません。

우리집은 역에서 별로 가깝지 않아요.

53 「連絡しましたか。」「いいえ、（ⓐしません ⓑまだ）です。」

연락했습니까? / 아뇨, 아직입니다.

54 今年の夏は去年（ⓐより ⓑと）暑くない。

올 여름은 작년보다 덥지 않다.

55 そんな話は（ⓐききたか ⓑききたく）ない。

그런 이야기는 듣고 싶지 않아.

56 ここでタバコをすわ（ⓐなくて ⓑないで）ください。

여기서 담배를 피우지 마세요.

57 私が（ⓐかいた ⓑかいて）絵を見せましょう。

내가 그린 그림을 보여 드리죠.

58 冷蔵庫の中にビールが（ⓐ入って ⓑ入れて）あります。

냉장고 안에 맥주가 들어 있습니다.

59 そのニュースは私も知って（ⓐいます　ⓑあります）。

그 뉴스는 나도 알아요.

60 私はまだひるごはんを（ⓐ食べませんでした　ⓑ食べていません）。

저는 아직 점심밥을 먹지 않았어요.

あまり〜ない	▶私の国の冬はあまり寒くありません。	p.46
ある / いる	▶木の上にきれいな鳥がいます。	p.37
	明日はちょっと仕事があります。	p.36
〜か	▶どれがあなたのかさですか。	p.8
〜が	▶まどが閉っています。	p.10
〜が	▶雨は降っていますが、かさはさしません。	p.10
〜か〜か	▶その人が明日ここに来るか来ないかわかりません。	p.8
〜かった(です)	▶山田さんの荷物はとても重かったです。	p.32
〜から	▶忙しいから遊ぶ時間がありません。	p.9
〜から / 〜まで	▶授業1時から3時までです。	p.9
〜く〜	▶部屋をもっと明るくしてください。	p.32
〜くて	▶この果物は甘くておいしいです。	p.33
〜くないです	▶私の部屋は広くないです。	p.33
〜くなる / 〜になる	▶天気がよくなりました。	p.36
	体が丈夫になりました。	p.36
〜ぐらい(くらい)	▶毎日1時間ぐらい歌の練習をします。	p.11
こ・そ・あ・ど	▶田中さんのコートはどれですか。	p.28

55

~です	▶あのレストランの料理はとてもおいしいです。	p.30
	私の家は駅の近くです。とても便利です。	p.30
~では(じゃ)ありません	▶お酒はあまり好きではありません。	p.34
~と	▶友達といっしょに映画を見ました。	p.13
~という	▶これは何というスポーツですか。	p.29
~な	▶田中さんは立派な医者になりました。	p.34
~ない	▶朝は忙しくて新聞は読まない。	p.45
~ないでください	▶私のケーキを食べないでください。	p.46
~ながら	▶食べながら話さないでください。	p.40
~など	▶野菜や果物などは体にいいです。	p.13
~に	▶机の上に本があります。	p.14
	ごはんを食べに帰ります。	p.14
~に	▶すみませんが、少し静かにしてください。	p.35
~ね	▶今日は暑いですね。	p.16
~の	▶私の誕生日	p.16
	この本は私のです。	p.17
	彼は走るのが速いです。	p.17
~の / ~なの	▶もうちょっと安いのを見せてください。	p.30
	▶もうちょっときれいなのはありませんか。	p.30

일본어능력시험 3급수준

058 **～終わる / ～終える**　　　　다 ~했다〈동작의 완료〉

「～終わる / 終える」는 그 동작이 끝나다, 또는 끝내다는 뜻이다. 「자동사 + 終わる」는 '현상'을, 「타동사 + 終える」는 '끝내다'는 의미를 강조한다.

その本、読み終わったら貸してくださいませんか。

그 책 다 읽으면 빌려 주시지 않겠습니까?

学校から帰ってきたら、宿題をやり終えてから遊びに行く。

학교에서 돌아오면 숙제를 다 끝내고 나서 놀러 간다.

【접속】동사의 ます형 + 終わる / 終える

> **「～やむ」**
>
> 자연현상 · 생리현상 등 '계속되던 일이 자연스럽게 끝나다' '그치다'의 뜻으로, 「泣(な)く / 鳴(な)る / 降(ふ)る」와 같은 자동사와 함께 쓴다. 단, 「降りやむ」는 그냥 「やむ」라고 하는 것이 일반적이다.
>
> ・朝方になってようやく子供が泣きやんだ。 아침무렵이 되어서 겨우 아이가 울음을 그쳤다.

059 **～直す / ～返す**　　　　다시~하다

「～直(なお)す」는 '고치다'란 뜻으로 결과가 만족스럽지 못할 때, '다시 하다'는 뜻이고, 「返(かえ)す」는 '돌려주다'란 뜻으로 '반대 방향이나, 원래 있던 상태로 되돌리다'라는 뜻이다.

もう一度考え直した方がいいです。　　　　다시 한번 생각하는 게 좋아요.

まちがいはないか見直して下さい。　　　　틀린 곳은 없는지 다시 보세요.

そのことについて先生に聞き返しました。

그 일에 대해 선생님께 되물었습니다.(다시 여쭤봤습니다.)

【접속】동사의 ます형 + 直す / 返す

060 **～出す / ～始める**　　　～하기 시작하다

☐
☐ 「～出(だ)す」는 갑작스럽게 그렇게 된 느낌을 주는 표현으로 생리현상 등에 많이 쓰고, 「～始(はじ)める」는 어떤 동작을 하기 시작한다는 뜻으로 순서상, 절차상 그렇게 하도록 되어 있음을 나타낸다.

妹は家につくと急に泣き出した。

여동생은 집에 오자 갑자기 울기 시작했다.

急に空がくらくなって雨が降り始めた。(=降り出した)

갑자기 하늘이 어두워지고 비가 내리기 시작했다.

みんなは「いただきます。」といって食べ始めました。

모두 '잘 먹겠습니다' 하고 먹기 시작했습니다.

- -

【접속】 동사의 ます형 + 出す / 始める

061 **～つづける**　　　계속 ～하다

☐
☐ 우리말의 '계속해서 ～하다'에 해당하는 표현이다.

長い時間テレビを見つづけると、目がいたくなる。

오랫동안 텔레비전을 보면 눈이 아프다.

小さい字を書きつづけて、手がつかれました。

작은 글자를 계속 썼더니 손이 노곤해졌습니다.

- -

【접속】 동사의 ます형 + つづける

062 ~過ぎる　　　　너무(지나치게)~하다

「過ぎる」는 원래 어떤 지점이나 경계를 지나치다라는 뜻으로, 동사의 ます형에 연결되어 '어떤 행동을 지나치게 하다' 라는 부정적인 뉘앙스로 쓰이는 경우가 많다.

ごちそうを食べ過ぎておなかが痛くなりました。

맛있는 것을 너무 많이 먹어서 배가 아팠습니다.

歩き過ぎて足が痛かったです。

너무 많이 걸어서 다리가 아팠습니다.

【접속】동사의 ます형 + 過ぎる

063 ~やすい　　　　~하기 쉽다

반대표현은 「~にくい」. 어미가 い로 끝나므로 イ형용사와 같이 활용된다.

雨で道がすべりやすいから、気をつけてください。

비 때문에 길이 미끄러워지기 쉬우니까 조심하세요.

軽くてはきやすいくつがほしいです。

가볍고 신기 편한 신발을 갖고 싶습니다.

【접속】동사의 ます형 + やすい

064 ~にくい　　　　~하기 힘들다

유사표현으로 「~がたい / ~づらい」 등이 있다.

このかさは重くてさしにくいです。 이 우산은 무겁고 쓰기 불편합니다.

ずいぶんわかりにくい地図ですね。 매우 알아보기 힘든 지도로군요.

【접속】동사의 ます형 + にくい

～たり～たり (する)　　　　～하거나 ～하거나 하다

여러 일, 행위 중에서 대표적인 것을 두 세 가지 드는 표현. 앞뒤에 유사어가 올 때는 비슷한 유형의 예를 드는 표현이고, 반대어나 긍정, 부정형이 올 때는 반복적인 상황의 변화를 나타낸다.

<ruby>休<rt>やす</rt></ruby>みの<ruby>日<rt>ひ</rt></ruby>は<ruby>掃除<rt>そうじ</rt></ruby>をしたり<ruby>洗濯<rt>せんたく</rt></ruby>をしたりします。

휴일에는 청소를 하기도 하고 빨래를 하기도 합니다.

<ruby>朝<rt>あさ</rt></ruby>から<ruby>雨<rt>あめ</rt></ruby>が<ruby>降<rt>ふ</rt></ruby>ったりやんだりしている。

아침부터 비가 오락가락 하고 있다.

ろうかを<ruby>行<rt>い</rt></ruby>ったり<ruby>来<rt>き</rt></ruby>たりしている。

복도를 왔다갔다 하고 있다.

【접속】① 명사 · ナ형용사의 사전형 + だったり～だったりする / ② 동사 · イ형용사의 た형 + たり～たりする
　　　【참고】た형은 て형과 동일한 형태

～ていく　　　　～아/어 가다

단계적인 변화의 과정을 나타낸다.(변해가는 과정) 「～てゆく」는 「～ていく」와 같은 뜻으로 문장체 표현이다. 또, 변화가 아니라 글자 그대로 '～하고 가다' 라는 뜻으로 쓰일 때도 많다.

<ruby>子<rt>こ</rt></ruby>どもたちはこれからいろいろな<ruby>事<rt>こと</rt></ruby>を<ruby>経験<rt>けいけん</rt></ruby>していくだろう。

아이들은 앞으로 여러 경험을 해 갈 것이다.

<ruby>秋<rt>あき</rt></ruby>になるとだんだん<ruby>木<rt>こ</rt></ruby>の<ruby>葉<rt>は</rt></ruby>の<ruby>色<rt>いろ</rt></ruby>が<ruby>変<rt>か</rt></ruby>わっていく。

가을이 되면 점점 나뭇잎 색깔이 변해 간다.

【접속】동사의 て형 + ていく

067 **～てくる** ～아 / 어 오다, 되어지다

단계적인 변화의 모습을 나타낸다. (변화의 결과, 현상)「～ていく」가 밖을 향해 변하는 느낌이라면「～てくる」는 변하는 현상이 나를 향해 있는 느낌이다.

このごろ肉を食べない人が増えてきました。

요즈음 고기를 안 먹는 사람이 늘었습니다.

だんだんと空が暗くなってきました。　점점 하늘이 어두워졌습니다.

何が何だか分からなくなってきた。　뭐가 뭔지 모르게 되었다.

- -

【접속】동사의 て형 + てくる

> ● **ていく와 てくる**
>
> 둘 다 상황의 변화를 나타내는 말인데,「ていく」는 화자에게서 멀어져가는 현상, 현재에서 미래로 진행되는 일,「てくる」는 화자쪽으로 다가오는 상황, 과거에서 현재에 이르는 현상.
>
> ・昔の思い出が一つずつ消えていく。　옛 추억이 하나씩 사라진다.
> ・新しいシステムがどんどん入ってくる。　새로운 시스템이 계속 들어온다.

068 **～てみる** ～해 보다〈시도〉

어떤 결과를 얻기 위해 실제로 시도하는 것을 나타낸다.

食べてみたらとてもおいしかったです。

먹어봤더니, 아주 맛이 있었습니다.

このことは社長にうかがっててみましょう。

이 일에 대해서는 사장님께 여쭤봅시다.

- -

【접속】동사의 て형 + てみる

～ておく　　　　　　　　　～해 두다〈준비, 대비〉

어떤 목적을 위해 미리 준비해 두는 것을 의미한다. 회화체는 「～とく」.

パーティーのためにいろいろ準備_{じゅんび}をしておきました。

파티를 위해 여러가지 준비를 해 놨습니다.

テープは後_{あと}で使_{つか}いますから、ここに置_おいておいてください。

테이프는 이따가 쓸 거니까 여기에 놔 두세요.

A: ねぇ、お母_{かあ}さん、これ洗濯_{せんたく}しておいてね。

B: ……。

A: お母_{かあ}さんったら!!

B: はいはい。わかったから、そこに置_おいときなさい。

저기, 엄마, 이것 좀 빨아 놔 줘요. / …. / 엄마~~ / 그래그래. 알았으니까 거기 놔 둬.

【접속】 동사의 て형 + ておく

～てくれる　　　　　　　　　～해 주다

「～てくれる」는 나를 위해 뭔가를 해 주는 상대에 대한 고마움이 들어 있는 표현이다.

田中_{たなか}さんが東京_{とうきょう}を案内_{あんない}してくれました。

다나카 씨가 도쿄를 안내해 주었습니다.

母_{はは}は一人_{ひとり}で一生懸命_{いっしょうけんめい}私_{わたし}を育_{そだ}ててくれた。

어머니는 혼자서 열심히 나를 키워 주셨다.

父_{ちち}が残_{のこ}してくれたこの会社_{かいしゃ}を何_{なん}とかして大_{おお}きくしたい。

아버지가 남겨 주신 이 회사를 어떻게 해서든 키우고 싶다.

【접속】 동사의 て형 + てくれる

3급수준

꽉 잡아야 할 필수 문형 42

071 **〜てやる**　　　　　　　　　　　　　　~해 주다

아랫사람에게 쓰는 말이다. 여성은 보통 「てあげる」를 쓴다.

野球はぼくが教えてやるよ。

야구는 내가 가르쳐 줄게.

荷物が重いなら持ってやるよ。

짐이 무거우면 들어 줄게.

【접속】동사의 て형 + てやる

● **「〜てやる」와 「〜てあげる」**

「〜てやる」는 상대가 자신과 동등하거나 아랫사람(식물, 동물 포함)에게 쓰는데, 조금 거친 느낌이 드는 말로, 주로 남자들이 쓰는 반말표현이다. 참고로 「殺(ころ)してやる」와 같은 표현은 저주를 하거나 원망스러운 말을 할 때 쓰는 격한 표현이다.

・夜遅いから家まで送ってやるよ。　　밤 늦었으니까 집까지 바래다 줄게.
・私がかわりに書いてあげるよ。　　　내가 대신 써 줄게요.

072 **〜てはいけない**　　　　　　　~하면 안되다〈금지〉

금지를 나타내는 대표적인 문형. 유사표현 「〜てはだめだ(~하면 안돼, 못써)」는 구어체에서 많이 쓰고, 「〜てはこまる(~하면 곤란해)」는 소극적인 금지를 나타낸다.

ここで写真をとってはいけません。

여기서 사진을 찍으면 안됩니다.

そんなうそを言ってはいけません。

그런 거짓말을 해서는 안됩니다.

モデルをするには、背が低くてはいけない。

모델을 하려면 키가 작으면 안된다.

【접속】동사・イ형용사의 て형 + てはいけない / 명사・ナ형용사의 사전형 + ではいけない

～なくてはいけない　　　　～하지 않으면 안되다〈의무〉

☐

☐ = なければいけない. 회화체로 「～なくちゃいけない」형도 많이 쓰인다.

_{しゅくだい}
宿題はかならずしなくてはいけません。

숙제는 꼭 해야 합니다.

いやでもテストは受_うけなくてはいけません。

싫어도 시험은 봐야 합니다.

マイホーム購_{こうにゅう}入のためには一日_{いちにち}も休_{やす}まず働_{はたら}かなくてはいけない。

내집 구입을 위해서는 하루도 쉬지 않고 일하지 않으면 안된다.

【접속】동사・イ형용사의 ない형 + なくてはいけない / 명사・ナ형용사의 사전형 + で
はなくてはいけない

> **「ならない」와「いけない」**
>
> 「なければならない / なくてはならない」: 회피불가능한 법률, 규범, 상식.
>
> 「なければいけない / なくてはいけない」: 개별적인 사정으로 의무나 필요가 생겼을 때.
> 회화에서는 「～なくちゃいけない」의 「いけない」부분을 생략하기도 한다.
> ・もう行かなくちゃ。　이만 가야지.

～てもいい / かまわない　　～해도 좋다 / 상관없다〈허가〉

☐

☐ 허가・허용을 나타낸다.

_{しゅくだい}_お
宿題が終わったら、遊_{あそ}びに行_いってもいい。　숙제가 끝나면 놀러 가도 돼.

やる気_きがある人_{ひと}は下手_{へた}でもかまわない。　의욕이 있다면 잘하지 못해도 상관없다.

ここでサッカーをしてもかまいませんか。　여기서 축구를 해도 됩니까?

作文_{さくぶん}の試験_{しけん}は鉛筆_{えんぴつ}でもいいです。　　　　　작문시험은 연필도 괜찮습니다.

【접속】동사・イ형용사의 て형 + てもいい(かまわない) / 명사・ナ형용사의 사전형 + で
もいい(かまわない)

〜なくてもいい / かまわない 〜안 해도 되다 / 상관없다〈불필요〉

불필요를 나타낸다. 꼭 그렇게 할 필요가 없다는 뜻.

2人しかいないので、家は大きくなくてもかまいません。

둘 밖에 없으니까 집은 안 커도 상관없습니다.

けがが治ったので、もう病院へ行かなくてもいい。

상처가 다 나았으니까 이제 병원에 안 가도 된다.

分からなければ書かなくてもいいですか。

모르면 안 써도 됩니까?

やる気があるなら、経験者でなくてもかまわない。

할 의욕이 있다면 경험자 아니더라도 상관없습니다.

【접속】동사・イ형용사의 ない형 + なくてもいい (かまわない) / 명사・ナ형용사의 사전
형 + でなくてもいい (かまわない)

〜ちゃ(じゃ) 〜면〈축약형〉

「〜ちゃ」는 「〜ては」의 회화체, 「〜じゃ」는 「〜では」의 회화체이다. 앞에 오는 동사에 따라
서 「〜ちゃ / じゃ」가 된다. 「〜てしまった(〜해 버렸다, 〜하고 말았다)」의 축약형은 「〜ち
ゃった / じゃった」. 또한 「〜ちゃ(じゃ)いけない / だめだ」 문형으로 쓰이는 경우가 많다.

もう全部食べちゃった。　　　벌써 다 먹어 버렸어.

この線をふんじゃいけません。　　이 선을 밟으면 안됩니다.

まだそうじが終わらないから、部屋に入っちゃだめだよ。

아직 청소가 다 안 끝났으니까 방에 들어오면 안돼요.

【접속】동사의 て형 + ちゃ(じゃ)

❶ ている	→ てる	하고 있다
❷ ていく	→ てく	해가다
❸ ておく	→ とく	해두다
❹ てしまう	→ じゃう, ちゃう	해버리다
❺ ては(では)いけない	→ ちゃ(じゃ)いけない	해서는 안된다
❻ なければならない	→ なきゃならない	해야 한다

・待ってるよ。　기다릴게.
・子供をつれてくよ。　아이를 데려갈게.
・お酒を買っとくよ。　술을 사놓을게.

・飲んじゃった。　마셔 버려.
・食べちゃいけない。　먹으면 안돼.
・見なきゃならない。　봐야 해.

077　～(よ)うと思う　　　　～려고 하다〈의지, 마음의 결심〉

의지를 나타낸다. 「ようと思う」「ようと思っている」둘 다 쓰이는데, 「ようと思っている」는 「ようと思う」에 비해 그 생각을 지금 바로 생각한 것이라기 보다는 일정기간동안 그 생각을 해왔다는 뉘앙스를 내포하고 있다.

私は、弟に読ませようと思って、この本を買いました。

나는 동생한테 읽게 하려고 이 책을 샀습니다.

今日から日本語を習おうと思います。

오늘부터 일본어를 배우려고 합니다.

来年日本に行こうと思っています。

내년에 일본에 가려고 합니다.

【접속】 동사의 의지형 + と思う

동사의 의지형 만드는 법 (う/よう 붙이는 방법)

1류동사	동사의 끝음 う단음을 お단음으로 바꾸어준다.	かく ... かこう　よむ ... よもう
2류동사	어미 る를 떼어낸다.	みる ... みよう　たべる ... たべよう
3류동사	くる ... こよう　する ... しよう	

～(よ)うとする

～려고 하다〈행동의 시도〉

어떤 일을 하려는 마음의 시도를 나타낸다.

窓から鳥を見ようとしたが、よく見えなかった。

창문에서 새를 보려고 했지만, 잘 안 보였다.

家を出ようとしたとき、電話がかかってきました。

집을 나가려고 했을 때 전화가 왔습니다.

【접속】동사의 의지형 + とする

● 「～とする」와 「～と思う」

「～と思う」는 말 그대로 그렇게 하려고 마음속으로 생각하는 것(의지)을 나타내고, 「～とする」는 구체적인 행동을 하려고 하는 것으로 '행동의 시도'를 나타낸다.

～ようになる

～하게 되다〈동사의 변화〉

불가능에서 가능으로, 또는 실행되지 않는 상태에서 실행되는 상태로 바뀐 것을 나타낸다. 부정형은 「～ないようになりました」로 불가능・실행되지 않은 상태로 바뀌었음을 나타낸다. 습관의 변화나 능력의 변화를 나타내는 경우가 많다.

彼は最近タバコをすわないようになりました。

그는 요즘 담배를 피우지 않게 되었습니다.

日本語がずいぶん話せるようになりました。

일본어를 꽤 말할 수 있게 되었습니다.

嫌いだった野菜が、最近食べられるようになりました。

싫어했던 야채를 요즘 먹을 수 있게 되었습니다.

【접속】동사의 사전형・가능형(れる・られる), ない형 + ようになる

～だろう　　　　　　　　～일 것이다〈추측〉

추량을 나타낸다. 유사표현으로 「～かもしれない」가 있으나, 「～かもしれない」에 비해 화자의 추측의 정도가 더 높다. 「でしょう」의 보통체표현.

❶ (현재형, 미래형) + だろう : ～일 것이다

明日はたぶん雨がふるだろう。　　내일은 아마 비가 내릴 것이다.

南北の緊張はもっと高まるだろう。　남북간 긴장은 더 고조될 것이다.

あのカメラはきっと高いだろう。　저 카메라는 분명히 비쌀 거야.

❷ (과거형) + だろう : ～했을 것이다

あの車は高かっただろう。　　저 자동차는 비쌌을 것이다.

【접속】명사・동사・イ형용사・ナ형용사의 보통형 + だろう

～かもしれない　　　　　～일지도 모르다

화자의 추측을 나타낸다. 실현될 가능성은 50%정도로 그럴 수도 있고 그렇지 않을 수도 있다는 표현. 「～のかもしれない」형도 있지만, 이것은 「のだ」에 「かもしれない」가 붙은 형태이다.

駅はあっちかもしれないね。　　역은 저쪽일지도 모르겠네요.

御存知かもしれませんが。　　알고 계실지도 모르겠습니다만….

山下さんは来年結婚するかもしれません。
야마시타 씨는 내년에 결혼할지도 모르겠습니다 .

彼女はもう二度ともどって来ないかもしれません。
그녀는 두 번 다시 돌아오지 않을지도 모르겠습니다.

【접속】명사・동사・イ형용사・ナ형용사의 보통형 + かもしれない

3급수준 꽉잡아야할필수문형42

● 유사표현 「～にちがいない」

'~임에 틀림없다'. 「～かもしれない」보다 가능성이 높고 그렇게 확신하고 있다는 뜻이다.

・駅はあっちにちがいない。　　　　　　역은 저쪽일 것이다.

・山下さんは結婚するにちがいない。　야마시타 씨는 결혼하는 것이 틀림없다.

082　**～がる**　　　　　　　　　　　**～아 / 어 하다**

□　「～がる」는 주로 「がっている」형태로 쓰고, 「がります」는 통상적인 이야기를 할 때 쓴다.

□　「～がる」관련표현 : はずかしがる(부끄러워하다), さびしがる(외로워하다), こわがる(무서
　　워하다), いやがる(싫어하다) 등.

ストーブがないので、子どもたちは寒がっています。

난로가 없어서, 아이들이 추위에 떨고 있습니다.

あの子犬は私達と遊べると思って、うれしがっている。

저 강아지는 우리와 놀 수 있는 줄 알고 기뻐하고 있다.

子供は何でもほしがります。

아이들은 뭐든지 갖고 싶어합니다.

- -

【접속】 イ형용사의 어간 + がる

● 제 3자의 희망표현 「～たがる」

욕구, 희망을 나타내는 「～たい」에 「～がる」가 붙은 것으로, '~하고 싶어하다'의 뜻.

・このアパートに住みたがっている学生が多い。

　　이 아파트에 살고 싶어하는 학생들이 많다.

・「ここで少し休みますか。」「はい。子供たちも休みたがっています。」

　　여기서 잠깐 쉴까요? / 네, 아이들도 쉬고 싶어해요.

※「本が読みたい」,「車がほしい」 등을 「～たがる」형으로 바꿀 때는 「本を読みたがる」,「車

　　をほしがる」처럼 격조사 「が」를 「を」로 바꿔야 한다.

～こと　　　　　　　　　　～것

「～こと」는 '것'이란 뜻으로 주로 추상적인 개념에 쓰인다.

昨日田中さんが入院したことを聞きましたか。

어제 다나까 씨가 입원한 소식을 들었습니까?

今日会議があることを知りませんでした。

오늘 회의가 있는 것을 몰랐습니다.

【접속】 동사・イ형용사・ナ형용사의 명사수식형 + こと / 명사 + である + こと

유사표현 「～こと」「～の」「～もの」

우리말로는 모두 '것'으로 해석되는데, 명사구로 만들 때 일반적으로 「～の」는 주로 구체적이고 개인적인 행동을, 「～こと」는 객관적인 내용이나 불변의 진리, 일반적인 통념 등을 나타내고, 「～もの」는 구체적인 물건이나 사물을 가리킨다.

・クリスマスは、何か楽しいこと(× の)をしたいのだが。
　크리스마스는 뭐 재미있는 것을 하고 싶은데…

・世の中には、まだまだ私の知らないこと(× の)が多い。
　이 세상에는 아직 내가 모르는 것이 많다.

・たくさんの人が公園のまわりを走っているの(× こと)を見ました。
　많은 사람들이 공원 주변을 달리고 있는 것을 보았습니다.

・外国人に母国語を教えるの (○ こと)は本当に難しい。
　외국사람에게 모국어를 가르치는 것은 정말로 어렵다.
　└「の」를 쓰면, 자신이 직접 경험을 해보니 어려웠다는 것이고, 「こと」를 쓰면, 일반적으로 그렇게 알려져 있다는 뉘앙스도 나타낸다.

・何か食べるもの(× こと, × の)を下さい。
　뭔가 먹을 것을 주세요.

～ことがある / ない　　～한 적이 있다 / 없다〈경험〉

경험의 유무를 나타낸다. 참고로 「동사 사전형 + ことが(も)ある」는 '～하는 경우가(도) 있
다' 즉, 그런 경우도 있다는 뜻이다. 「たまにたばこをすうこともある。」(가끔 담배를 피우
는 일(도) 있다.)

1年に5回ひっこしたことがあります。

1년에 다섯 번 이사한 적이 있습니다.

こんな事は今まで経験したことがありません。

이런 것은 지금까지 경험해 본 적이 없습니다.

- -

【접속】동사・イ형용사・ナ형용사・명사의 た형 + たことがある / ない

～ことができる　　～할 수 있다〈가능〉

'능력'이나 '가능성'의 유무를 나타낸다. 단, 사물이 주어가 되는 자동사(壊れる, 光る), 지
각을 나타내는 「見える, 聞こえる」와 같은 자동사에는 쓸 수 없다.

彼は英語・韓国語、そして日本語を話すことができる。

그는 영어·한국어 그리고 일본어를 말할 수 있다.

彼女は料理なら何でも作ることができる。

그녀는 요리라면 뭐든지 만들 줄 안다.

- -

【접속】동사의 사전형 + ことができる
【주의】1. 위 예문의 가능표현은 각각 「話せる, 作れる」처럼 가능동사로 바꿀 수 있다.
　　　　2. 「ある」는 「ありえる(ありうる) / ありえない」(있을 수 있다 / 있을 수 없다)로
　　　　　　표현해야 하지만, 「いる」는 「いれる / いることができる」와 같이 쓸 수 있다.
　　　　　　・彼のことだから、約束を突然キャンセルする事もありえる。
　　　　　　　(그의 성격을 봐서) 그가 약속을 갑자기 취소할 수도 있다(가능성이 있다).
　　　　　　・今日は何も予定がないので、遅くまでいることができる。
　　　　　　　오늘은 아무 약속이 없으니까 늦게까지 있을 수 있다.

086

～ことにする　　　　　　～하기로 하다

「ことにする」는 결정이나 결의 등을 나타내는데, 보통 화자자신의 결정·결심을 나타낸다.

今日は電車で行くことにします。　　　오늘은 전철로 가겠습니다.

今度の夏休みは海外旅行に行くことにしました。

이번 여름방학 때는 해외여행을 가기로 했습니다.

今月はアルバイトをしないことにしました。

이번 달에는 아르바이트를 안 하기로 했습니다.

【접속】동사의 보통형 + ことにする
【참고】「～ことにして下さい」는 사실은 아닌데 그렇게 해 달라고 하는 표현이다.

・私はあの日あそこにいなかったことにして下さい。
　　저는 그날 거기에 없었던 걸로 해 주세요.

● ★ 관련표현「～ことにしている」

「～ことにする」는 결정·결의의 결과가 습관이 되었다는 뜻이다.

학교까지 전철로 갑니다.
・学校まで電車で行くことにします。　　（결정）
・学校まで電車で行くことにしています。　（습관）

그러나 일반적인 습관·의례 등을 나타낼 경우에는 쓸 수 없다.

일본사람들은 밥그릇을 손에 들고 밥을 먹습니다.
・日本人は茶碗を手に持ってご飯を食べることにしています。　（×）
・日本人は茶碗を手に持ってご飯を食べます。　　　　　　　（○）

087

～ことになる　　　　　　～하게 되다

「～ことになる」는 「～ことにする」에 비해 누가 결정했는지 분명치 않고, 자연스럽게 혹은 방침 등에 의해 저절로 그런 결과가 되었음을 내포한다. 「～ことになっている」는 예정, 일 상생활 속의 규칙, 법률, 관습 등을 나타낸다.

来月から出版社で働くことになりました。

다음 달부터 출판사에서 일을 하게 되었습니다.

驚いたことに、昔付き合っていた人が私の親友と結婚することに
なった。

놀랍게도 예전에 사귀던 사람이 내 친구와 결혼하게 되었다.

12時にここに集まることになっています。

12시에 여기서 모이는 걸로 되어 있습니다.

【접속】 동사의 보통형 + ことになる

088　～つもりだ　　　　　　～할 예정이다〈마음의 작정〉

의지·의도를 나타낸다. 부정형은 「～ないつもりだ」 또는 「つもりはない」. 일상회화에서는
「そのつもり」처럼 동사부분을 생략하여 말하기도 한다.

私は将来医者になるつもりです。　저는 장래에 의사가 될 겁니다.

私は彼に会うつもりはありません。　나는 그를 만날 생각이 없습니다.

A: 学校を休むつもりですか。　　学校를 쉴 거예요?

B: はい、そのつもりです。　　네, 그럴 거예요.

【접속】 동사의 사전형, ない형 + つもりだ

● つもり의 주요용법

① するつもりだった (~할 예정(생각)이었다)
- 今週京都に行くつもりでした。　이번주에 교토에 갈려고 했었어요.

② したつもりで (한 셈치고, ~했다 생각하고)
- コーヒー一杯飲んだつもりでタクシーで帰りましょう。
  커피 한잔 마신 셈치고 택시로 가요.

③ するつもりはなかった (할 마음은 없었다)
- 彼女を傷つけるつもりはなかったのに…。　그녀에게 상처줄 마음은 없었는데….

～ところだ ~하려는 참이다 / ~하려던 참이다

어떤 행동의 바로 직전, 진행중, 직후의 상황을 나타낸다.

<ruby>今<rt>いま</rt></ruby>から<ruby>母<rt>はは</rt></ruby>に<ruby>電話<rt>でんわ</rt></ruby>をかけるところです。 지금 어머니께 전화하려는 참입니다.

<ruby>今<rt>いま</rt></ruby><ruby>手紙<rt>てがみ</rt></ruby>を<ruby>書<rt>か</rt></ruby>いているところです。 지금 편지를 쓰고 있는 중입니다.

<ruby>掃除<rt>そうじ</rt></ruby>をしていたところです。 청소를 하고 있었어요

<ruby>娘<rt>むすめ</rt></ruby>は<ruby>今<rt>いま</rt></ruby><ruby>出<rt>で</rt></ruby>かけたところです。 우리딸은 방금 나갔어요.

【접속】동사의 사전형, た형, ている형, ていた형 + ところだ

> **「～ところだ」**
>
> ① ～るところだ　　　　　어떤 행동을 하기 직전. 「今から, これから」등의 미래를
> 　　　　　　　　　　　　　나타내는 부사와 같이 쓰인다.
> ② ～ているところだ　　　현재 진행형
> ③ ～ていたところだ　　　바로 직전까지 그 행동을 계속했다는 뜻.
> ④ ～たところだ　　　　　방금 그 행동이 끝났다는 뜻.
> ※ 「今, ちょうど(때마침)」와 같은 부사는 ①～④의 모든 경우에 쓸 수 있다. (직전, 진행
> 　중, 직후를 나타내므로)

～はずだ ~할 것이다, ~일 것이다

「はず」는 당연히 그럴 것이라는 뜻으로 뒤에는 당연히 예상되는 결과가 온다. 또, 추측을
나타내기도 하는데 1인칭에는 쓰지 않는다. 부정표현은 「～はずではない」가 아니라 「～は
ずがない」또는 「～ないはずだ」로 표현한다.

<ruby>連絡<rt>れんらく</rt></ruby>してありますから、<ruby>彼<rt>かれ</rt></ruby>も<ruby>来<rt>く</rt></ruby>るはずです。
연락은 해 놨으니까 그도 올 겁니다.

おかしいな、たしかにここに<ruby>置<rt>お</rt></ruby>いたはずなのに。
이상하네, 분명히 여기에 놔뒀을 텐데….

両親は今日出かけると言っていましたから、留守のはずです。

부모님은 오늘 외출한다고 하셨으니까 집에 아무도 없을 겁니다.

【접속】동사・イ형용사의 보통형 / 명사・ナ형용사의 명사수식형, (현재형을 제외한)보통
형 + はずだ

091 ~はずがない　　　　　　~ㄹ 리가 없다

그럴 리가 없다, 그럴 가능성이 없다는 뜻이다.

山下さんがこんな事をするはずがない。 야마시타 씨가 이런 짓을 할 리가 없다.

彼がパーティーに行かないはずがない。 그가 파티에 가지 않을 리가 없어.

そう簡単に合格するはずがない。競争率が20倍なのだから。

그렇게 쉽게 합격할 리가 없어. 경쟁률이 20배나 되니깐.

【접속】명사・ナ형용사의 명사수식형 / 동사・イ형용사의 보통형(과거, 과거부정의 경우
는 부자연스러움) + はずがない

● 「来ないはずだ」와 「来るはずがない」

「来ないはずだ」는 안 올 것이라는 확신을 갖고 있을 때 쓰는 표현이고, 「来るはずが
ない」는 올 확률이 거의 없다는 뜻이다. 즉, 「~はずだ」는 '그렇게 믿고 있다'는 뜻
이고, 「~はずがない」는 그렇게 될 가능성이 거의 없다는 것을 강조하는 표현이다.

● 「はず」관련표편

① 「~はずがない」~리가 없다 …「絶対・決して」 등과 호응

・そんなこと絶対あるはずがない。 그런 일 절대로 없을 것이다.

② 「~はずなのに」~텐데 …「ありえない・不可能だ・おかしい」 등과 호응

・約束したはずなのに今日も彼は来なかった。 분명히 약속했을 텐데 오늘도 그는 오지 않았다.

③ 「~ないはずがない」~하지 않을 리가 없다 (이중부정-강조표현)

・ちゃんと勉強していれば問題がわからないはずがない。
제대로 공부하고 있다면 문제를 모를 리가 없다.

～さ　　　　　　　　　　～함〈명사화〉

「～さ」는 형용사의 어간에 붙어서 명사를 만드는데, 성질·상태자체, 또는 그 정도나 속성을 나타낸다.

そのかばんの軽<small>かる</small>さにおどろいた。　　그 가방의 가벼움에 놀랐다.

あまりのすごさに目<small>め</small>を見<small>み</small>はった。　　너무 대단하여 눈을 크게 떴다.

今年<small>ことし</small>の寒<small>さむ</small>さはとても厳<small>きび</small>しい。　　올해 추위는 아주 매섭다.

【접속】イ형용사의 사전형에서 「い」를 떼고 / ナ형용사의 사전형 + さ

> 형용사를 명사로 만들어주는 접미어

深<small>ふか</small>さ	/	深<small>ふか</small>み	(○)	깊이	暑<small>あつ</small>さ (○) / 暑<small>あつ</small>み (×)		더위
面白<small>おもしろ</small>さ	/	面白<small>おもしろ</small>み	(○)	재미	よさ (○) / よみ (×)		장점
新鮮<small>しんせん</small>さ	/	新鮮<small>しんせん</small>み	(○)	신선함	高<small>たか</small>さ (○) / 高<small>たか</small>み (×)		높이
重<small>おも</small>さ	/	重<small>おも</small>み	(○)	무게	はなやかさ (○) / はなやかみ (×)		화사함

093

～(し)方　　　　　　　　　　～하는 방법

'～하는 방법' 이란 뜻외에도 「言<small>い</small>いかた」(말투) 「ありかた」(본연의 모습, 마땅히 그러해야 할 자세, 태도)와 같이 명사로 굳어진 표현도 많이 쓰인다.

漢字辞典<small>かんじじてん</small>のひき方<small>かた</small>を教<small>おし</small>えてくださいませんか。

한자사전 사용법을 좀 가르쳐 주시겠습니까?

書類<small>しょるい</small>の記入<small>きにゅう</small>のし方<small>かた</small>がわかりません。

서류 기입방법을 모릅니다.

【접속】명사 + のし方 / 동사의 ます형 + 方

094 **~じゃない**　　　　　　　　　**~이 아니다**

「~ではない」의 회화체. 「~じゃなくて」(~이 아니라)형태도 많이 쓰인다.

あれは中村さんじゃないですよ。よく見て下さい。

저건 나카무라 씨가 아니에요. 잘 보세요.

明日は忙しくてだめですが、明日じゃなければいつでもいいです。

내일은 바빠서 안 되지만, 내일만 아니면 언제든지 괜찮아요.

そっちじゃなくてこっちです。　　　그쪽이 아니라 이쪽이에요.

【접속】명사・ナ형용사의 사전형 + じゃない

095 **~ために**　　　　　　　　　**~(하기) 위해〈목적〉**

「~ために」가 목적을 나타나기 위해서는 앞뒤 주어가 같아야 한다.

授業料のためにアルバイトをします。 수업료를 위해 아르바이트를 합니다.

先生になるために大学に入りました。　선생님이 되기 위해 대학에 들어갔습니다.

彼に負けないために一生懸命練習します。 그에게 지지 않게 열심히 연습합니다.

【접속】명사(の) / 동사의 사전형, ない형 + ために

> **● ために 주의사항**
>
> ① 이유의 「ために」
> ・ねだんが高いため、売れない。　　　　값이 비싸서 안 팔린다.
> ② 목적의 「ために」: 자기 의지로 실현 가능한 행동에 쓰고, 어떤 상태가 되는 것을 목적으로 할 때는 「ように」(~하도록)를 쓴다. 「~ように」는 「~ために」와 달리 전후의 주어가 다를 때도 쓸 수 있다.
> ・歌を歌うために生きています。　　　　노래를 부르기 위해 삽니다.
> ・うまく歌えるように練習しました。　　잘 부르기 위해 연습했습니다.
> ・私は田中さんに練習するように言いました。 나는 다나카 씨한테 연습하도록 말했습니다.

096 **～ので**　　　　　　　　　　　～니까, ～기 때문에〈이유〉

「から」보다 완곡한 느낌을 준다. 「から」와 달리 문장 끝에 「～のでです」와 같이 쓸 수 없다.
명사, ナ형용사가 올 때는 「なので」가 되므로 주의.

その公園は静かなので、よく散歩に行きます。

그 공원은 조용하기 때문에 자주 산책하러 갑니다.

彼女は性格が明るいので、みんなから人気があります。

그녀는 성격이 밝기 때문에 모든 사람한테 인기가 있습니다.

20分後、劇場への立入りを禁止しますので、それまでには入って下さい。

20분후 극장 출입이 금지되니까, 그때까지는 입장해 주세요.

- -
【접속】 동사・イ형용사의 보통형 / 명사・ナ형용사의 명사수식형 ＋ ので

097 **～ほうがいい**　　　　　　　　～하는 게 낫다

'～하는 것이 좋다 / 좋을 텐데'는 뜻으로 조언이나 충고를 할 때 쓴다. 반대표현은 「～ないほうがいい」. 참고로 「～なかったほうがいい」형은 쓰지 않고 「～ないほうがよかった」(～하지 않는 편이 좋았다)와 같이 표현한다.

わからない時は先生に聞いたほうがいい。　모를 때는 선생님께 묻는 게 좋아.

家族は、にぎやかなほうがいい。　　　　　가족이라는 것은 많은 게 좋다.

熱があるから早く帰ったほうがいい。　열이 있으니까 빨리 집에 가는 게 낫다.

私は、すいかよりいちごのほうがいい。　열이 있으니까 빨리 집에 가는 게 낫다.

- -
【접속】 동사의 사전형, た형, ない형 / イ형용사의 사전형, ない형 / 명사(+の) / ナ형용사의 사전형(+な), ない형 ＋ ほうがいい

3급수준 꽉 잡아야 할 필수문형 42

81

「～たほうがいい」와「～(る)ほうがいい」

「～たほうがいい」는 '～하지 그래요'라는 뉘앙스로 상대에게 이익될 만한 일을 화자가 권할 때 쓰는 표현이고,「～(る)ほうがいい」는 보통 두가지 중에서 하나를 고를 때 쓰는 표현이다.

・かぜをひいた時は、はやく寝たほうがいい。 　감기 걸렸을 때는 빨리 자는 게 좋아.
・バスより地下鉄で行くほうがいい。 　　　　　버스보다 지하철로 가는 편이 나아.

098　**いくら～ても**　　　　　　　　아무리 ~해도

뒤에는 보통 부정표현이 오지만, 긍정이 올 때도 있다.

いくら待っても彼は来ませんでした。 아무리 기다려도 그는 오지 않았습니다.

いくら安くても買いません。 　　　　아무리 싸도 안 삽니다.

いくら先生でも許せません。 　　　　아무리 선생님이라도 용서할 수 없습니다.

いくらまずしくても夢があります。 아무리 가난해도 꿈이 있습니다.

いくら頑張っても成績が上がらない。 아무리 노력해도 성적이 오르지 않는다.

【접속】명사・ナ형용사의 사전형 + でも / イ형용사・동사의 て형 + ても

● 유사표현「どんなに～ても」

① 부정문에 쓰일 경우 : 아무리 ~해도 (~부정형)

・どんなに探しても私のペンは見つかりませんでした。
아무리 찾아봐도 내 펜은 찾지 못했습니다.

・どんなに勉強してもなかなか漢字はおぼえられない。
아무리 공부해도 좀처럼 한자는 외우지 못하겠다.

② 긍정문에 쓰일 경우 : 어떤 조건이라도 ~한다

・どんなに忙しくても朝ごはんは必ず食べます。
아무리 바빠도 아침은 꼭 먹습니다.

〜ほど〜ない 〜만큼 〜지 않다

「ほど」는 '정도', '만큼'의 뜻으로 긍정문에서도 쓰인다. 「びっくりするほど(깜짝 놀랄 만큼)」, 「見(み)ちがえるほど(몰라볼 정도로)」 등의 표현은 관용구로 외워두자.

私(わたし)は佐藤(さとう)さんほど背(せ)が高(たか)くありません。 나는 사토 씨만큼 키가 크지 않아요.

私(わたし)はみんなが言(い)うほど強(つよ)くありません。 나는 다들 말할 정도로 강하지 않다.

妹(いもうと)は私(わたし)ほど走(はし)るのがはやくない。 여동생은 나만큼 달리기를 잘하지 않는다.

【접속】명사・동사의 사전형 + ほど + イ형용사・ナ형용사의 부정형 + ない

● 유사표현 「AはBより〜(A는 B보다 〜)」

「AはBより〜」는 A와 B를 단순히 비교하는 것이지만, 「AはBほど〜ない」는 'A도 B도 〜이지만, 둘 중에서 비교하면 …'이란 뜻으로 상대적인 비교를 나타낸다.
　・妹は私より走るのが、はやくない。 여동생은 나보다 달리기가 빠르지 않다.
　・妹は私ほど走るのが、はやくない。 여동생은 나만큼 달리기가 빠르지 않다.

3급수준 꽉 잡아야 할 필수문형 42

83

01 この絵を書き＿＿＿＿＿その画家は死にました。

이 그림을 다 그리고 그 작가는 죽었습니다.

02 突然彼女は笑い＿＿＿＿＿ました。

갑자기 그녀는 웃기 시작했습니다.

03 彼は一人で説明し＿＿＿＿＿ました。

그는 혼자서 설명하기 시작했습니다.

04 使い＿＿＿＿＿電子辞書を買いました。

쓰기 쉬운 전자사전을 샀습니다.

05 一日中雨が降り＿＿＿＿＿います。

하루 종일 비가 계속 내리고 있습니다.

06 もう一度考え＿＿＿＿＿た方がいいです。

다시 한번 재고하는 편이 좋아요.

07 これをやり＿＿＿＿＿て持って来なさい。

이것 다시 해서 갖고 와라.

08 このボールペンは書き＿＿＿＿＿です。

이 볼펜은 쓰기 어렵습니다

09 株価が上っ＿＿＿＿＿下っ＿＿＿＿＿しています。

주가가 올랐다 내렸다 하고 있습니다.

10 死んで＿＿＿＿＿子供たちの姿を見た。

죽어가는 아이들의 모습을 보았다.

11 学生時代からサッカーをして＿＿＿＿＿。

학생시절 때부터 축구를 해 왔습니다.

12 ビールを冷蔵庫に＿＿＿＿＿おきました。

맥주를 냉장고에 넣어 두었습니다.

13 ろうかを＿＿＿＿＿いけません。

복도를 뛰어다니면 안됩니다.

14 部屋の中でタバコを吸っては＿＿＿＿＿。

방 안에서 담배를 피우면 곤란해요.

15 鉛筆でサインしても＿＿＿＿＿。

연필로 사인해도 상관없습니다.

16 この書類は英語で書かなくても＿＿＿＿＿。

이 서류는 영어로 작성하지 않아도 됩니다.

17 授業中はほかの人と話し＿＿＿＿＿いけない。

수업중에는 다른 사람과 이야기해서는 안된다.

18 明日テストがあるので、家に帰って勉強し＿＿＿＿＿いけない。

내일 시험이 있어서, 집에 가서 공부해야 한다.

19 この服はもう古いですから、よごれても＿＿＿＿＿ません。

이 옷은 이제 오래됐으니까, 더러워져도 상관없어요.

20 家に帰ったら手を洗わなくては＿＿＿＿＿。

집에 돌아오면 손을 씻어야 한다.

21 ごはんはちゃんと食べなくちゃ＿＿＿＿＿だよ。

밥은 잘 챙겨 먹어야 해.

22 兄が宿題を手伝って＿＿＿＿＿。

형이 숙제를 도와 주었다.

23 俺が一緒に行って＿＿＿＿＿よ。

내가 같이 가 줄게.

24 みんなの＿＿＿＿＿土よう日は休むことにしました。

모두를 위해 토요일은 쉬기로 했습니다.

25 日本語が上手になる＿＿＿＿＿日本の友達を作りました。

일본어를 잘 하기 위해 일본 친구를 만들었습니다.

26 キムチの＿＿＿＿＿方を知りたいです。

김치 만드는 법을 알고 싶어요.

27 ロボット操作の＿＿＿＿＿方を習いました。

로봇을 조작하는 법을 배웠습니다.

28 その選手の足の速＿＿＿＿＿は世界一だ。

그 선수의 발의 빠르기는 세계최고다.

29 この時間帯は道がこんでいる_____。

이 시간대는 길이 막히겠지.

30 彼女は友達のことをうらやまし_____います。

그녀는 친구를 부러워하고 있습니다.

31 先生の目を見て学生はこわ_____います。

선생님의 눈을 보고 학생들은 무서워하고 있습니다.

32 そんなにたくさんお酒を飲ん_____体に悪いですよ。

그렇게 술을 많이 마시면 몸에 해로워요.

33 来年は就職する_____です。

내년에는 취직할 생각입니다.

34 雨なのでタクシーで帰った_____がいいですよ。

비가 오니까 택시로 가는 편이 좋겠어요.

35 私はまだ一度も飛行機に乗った_____がありません。

저는 아직 한번도 비행기를 탄 적이 없습니다.

36 今度の冬休みは国へ帰る_____にしました。

이번 겨울 방학은 고향에 돌아가기로 했습니다.

37 将来は父の仕事を手伝う_____です。

장래에는 아버지의 일을 도와 드릴 생각입니다.

38 くつを買う_____デパートに行きました。

신발을 사기 위해 백화점에 갔습니다.

39 今ファックスを送る_____です。

지금 막 팩스를 보내려는 참입니다.

40 ちょうどコーヒーを飲んだ_____です。

막 커피를 마신 참입니다.

41 「遅くなって、すみません。」「いいえ、私も今来た_____です。」

'늦어서 죄송합니다.' '아뇨, 저도 지금 막 왔어요.'

42 おふろに入ろうと_____とき、友だちから電話がかかってきた。

목욕을 하려고 했을 때, 친구한테서 전화가 걸려왔다.

43 時間までに着かない_____しれない。

시간까지 도착하지 않을지도 모른다.

44 赤じゃ_____白です。

빨강이 아니라 하양입니다.

45 たばこをすう_____は体に悪い。

담배를 피우는 것은 몸에 해롭다.

46 彼女が一人で泣いている_____を見た。

그녀가 혼자서 울고 있는 것을 보았다.

47 田中さんは去年結婚した_____です。

(내가 알기로) 다나카 씨는 작년에 결혼했을 것입니다.

48 人のためになる_____をやりたいです。

남을 위한 일을 하고 싶어요.

49 タイ料理を食べた＿＿＿＿＿＿＿がありますか。

태국요리를 먹은 적이 있습니까?

50 あの子がピザを食べない＿＿＿＿＿＿＿がない。

저 아이가 피자를 안 먹을 리가 없어.

51 私はピアノをひく＿＿＿＿＿＿＿ができません。

나는 피아노를 칠 줄 몰라요.

52 彼が約束をやぶる＿＿＿＿＿＿＿がない。

그가 약속을 깰 리가 없어요.

53 彼の家はたしかこのへんの＿＿＿＿＿＿＿です。

그의 집은 아마 이 근처일 텐데요.

54 私は一人で日本に行く＿＿＿＿＿＿＿にしました。

나는 혼자서 일본에 가기로 했습니다.

55 一人でバスに乗れる＿＿＿＿＿＿＿なりました。

혼자서 버스를 탈 수 있게 되었습니다.

정답						
01 終えて	02 出し(始め)	03 出し(始め)	04 やすい	05 つづいて	06 直し	07 直し
08 にくい	09 たり,たり	10 いく	11 きました	12 入れて	13 走っては	
14 こまります/いけません		15 かまいません/いいです		16 かまいません/いいです		17 ては
18 なければ/なくては		19 かまい	20 いけない/ならない		21 だめ	22 くれた
23 やる/あげる	24 ために	25 ために	26 作り	27 し	28 さ	29 だろう
30 がって	31 がって	32 じゃ/では	33 つもり	34 ほう	35 こと	36 こと
37 つもり	38 ために	39 ところ	40 ところ	41 ところ	42 した	43 かも
44 なくて	45 の/こと	46 の	47 はず	48 こと	49 こと	50 はず
51 こと	52 はず	53 はず	54 こと	55 ように		

89

100 ～そうだ　　　　　　　　　～라고 하다〈전문〉

정보원으로부터의 이야기를 그대로 다른 사람에게 전달하는 것이므로 화자의 주관적 판단이 개입되지 않는다. 따라서 중개자로서의 책임은 거의 없다고 볼 수 있다.

明日は一日中 雨だそうです。　　　내일은 하루종일 비가 온다고 합니다.

鈴木さんの話では今日は田中さんも来るそうです。

스즈키 씨 이야기로는 오늘은 다나카 씨도 온다고 해요.

ニュースによると逃走犯人がつかまったそうです。

뉴스에 의하면 도주범인이 잡혔다고 합니다.

【접속】명사(だ) / ナ형용사(だ) / 동사·イ형용사의 보통형 + そうだ

101 ～そうだ　　　　　　　～할 것 같다 / ～듯하다〈양태〉

양태(樣態)의 そうだ는 시각적인 정보에 의존한다. 「～해 보인다」는 뜻. 부정형은 「～そうにない, ～そうもない」와 같이 표현한다. 「동사의 ます형 + そうだ」는 바로 직후에 벌어질 수 있는 일을 나타내고, 「イ형용사・ナ형용사 + そうだ」는 눈으로 볼 때 보이는 모습을 나타낸다.

かばんからさいふが落ちそうです。　가방에서 지갑이 떨어질 것 같아요.

今にも雨が降りそうです。　　　　지금이라도 당장 비가 올 것 같습니다.

兄は難しそうな本を読んでいる。　　형은 어려워 보이는 책을 읽고 있다.

おいしそうなピザですね。　　　　맛있어 보이는 피자네요.

【접속】동사의 ます형 / ナ형용사의 사전형 / イ형용사의 사전형에서 「い」를 떼고 + そうだ

102 ～ようだ　　　　　　　～같다〈비유·추측〉

불확실한 단정이나 개인적인 감각, 판단으로 '아무래도 ～인 것 같다(모양이다), 그런 생각이 든다'와 같이 표현할 때 쓴다. 이 용법의 경우 「らしい」로 바꿀 수 있는 경우가 많다.

あの人はお医者さんのようですね。　　그 사람은 의사선생님이신 것 같군요.

高速道路で事故があったようです。　　고속도로에서 사고 난 모양입니다.

そんな夢のような話はうそだと思います。
그런 꿈 같은 이야기는 거짓말일 겁니다.

木村さんはつかれて、まるで死んだように寝ている。
기무라 씨는 피곤해서 마치 죽은 듯이 자고 있다.

【접속】명사의 사전형 + の / ナ형용사의 사전형 + な / イ형용사·동사의 보통형 + ようだ

103 ～らしい　　　　　　～것 같다, ～라고 들었다〈전문〉

외부에 판단의 근거가 될 만한 것이 있어서 그것에 근거하여 화자가 주관적으로 추측하는 표현. 화자가 객관적인 근거에 의해 확실하다고는 말할 수 없지만, 그런 것이라고 확신하고 말할 때 쓴다. 화자의 판단이 결정적인 요인이 되므로 신빙성이 떨어지는 경우도 많고, 남의 이야기를 하거나 소문을 말할 때 많이 쓰기도 한다. 또 「らしい」에는 '전문'의 기능도 있지만, 「そうだ」에 비해 여지가 많아지므로 불확실한 경우가 많다.

あの2人離婚したらしいです。　　그 두 사람 이혼한 것 같아요.

明日はいい天気らしい。　　내일은 날씨가 좋을 것 같다.

彼の妹はかわいいらしい。　　그의 여동생은 예쁘다고 들었어요.

【접속】명사·ナ형용사의 사전형 / 동사·イ형용사 보통형 + らしい

'답다'의 らしい

접미어 らしい는 '답다'의 뜻이 있다.

男らしい(남자답다), 女らしい(여자답다), 先生らしい(선생님답다), 子供らしい(아이답다), 学生らしい(학생답다)

104 ~みたいだ　　~같다〈비유 · 추측〉

「~ようだ」와 같이 어떤 것을 다른 것에 비유하거나 추측할 때, 구체적인 예를 들 때 쓴다. 「~ようだ」와 다른 점은 명사와 ナ형용사에 접속하는 형태인데, 가령, '고양이처럼'이라고 할 때 「ねこのように」와 같이 「~のように」로 쓰지만 「みたい」는 「ねこみたいに」와 같이 접속한다.

この絵(え)はまるで写真(しゃしん)みたいだ。　이 그림은 마치 사진같다.〈비유〉

彼(かれ)は最近(さいきん)少(すこ)しやせたみたいだ。　그 사람 요즘 조금 야윈 것 같다.〈추측〉

【접속】명사・ナ형용사의 사전형 / 동사・イ형용사의 보통형 + みたいだ

전문(伝聞)「~そうだ, ~ようだ, ~みたいだ,」

・「~そうだ」 … 다른 사람에게 직접 들은 것을 전할 때.
・「~ようだ」 … 불확실한 단정이나 개인적인 감각・판단.
・「~みたいだ」… 화자가 자기 경험을 바탕으로 추측할 때.

・今日は、田中さんも来るそうです。　오늘은 다나카 씨도 온다고 해요.
・今日は、田中さんも来るみたいです。　오늘은 다나카 씨도 올 것 같아요.
・今日は、田中さんも来るらしいです。　오늘은 다나카 씨도 온다는 것 같아요.

부정형은 'ない형 + そうだ / みたいだ / らしい'

・今日は、田中さんは来ないそうです。　오늘은 다나카 씨는 안 온다고 해요.
・今日は、田中さんは来ないみたいです。　오늘은 다나카 씨는 안 올 것 같아요.
・今日は、田中さんは来ないらしいです。　오늘은 다나카 씨는 안 온다는 것 같아요.

※ 来るそうではない 来るらしいではない는 모두 틀린 표현이다.

～たら

~면, ~더니

과거형(た형)에 접속한다. 앞에 오는 일이 완료했을 때 뒤에 오는 일이 성립한다는 시간적 순서를 나타낸다. 「～たら」는 과거문에서도 쓸 수 있는데, 과거문에서는 '～했더니, ～했는데' 로 옮기는 것이 자연스러운 경우가 많다.

この仕事が終わったら家に帰りましょう。　이 일이 끝나면 집에 갑시다.

書き終わったら出してください。　　　　다 썼으면 제출해 주세요.

向こうに着いたらすぐ電話します。　　　거기 도착하면 바로 전화할게요.

買い物に行ったら偶然友達に会った。쇼핑을 갔는데 우연히 친구를 만났다.

【접속】명사・ナ형용사의 사전형 + だったら / 동사・イ형용사의 た형 + たら

> **「～たらいいなぁ，～たらなぁ」**
>
> '～하면 좋겠다' 는 뜻.
> ・明日は遠足だから、晴れたらいいなぁ。　내일은 소풍이니까, 맑았으면 좋겠다.
> ・父や母が元気だったらなぁ。　　　　　아버지와 어머니가 건강하셨으면.

～と

~면, ~더니

「と」는 시간적으로 거의 동시에 또는 바로 이어지는 느낌이 있다. 앞의 동작이 이루어지면 자동적으로 또는 필연적으로 그런 상태가 되는 것을 나타내므로 법칙, 수식, 길안내 등에 쓰인다. 뒤에 명령, 허가, 희망, 의지표현은 올 수 없다. 「と」 뒤에 과거문이 올 때는 '～했더니' 로 해석하는 것이 자연스럽다.

このボタンを押すと、カードが出てきます。이 버튼을 누르면 표가 나옵니다.

窓をあけると、部屋がすずしくなった。 창문을 열었더니 방이 시원해졌다.

これだと、ぴったりです。　　　　　　　이거면 꼭 맞아요.

【접속】명사(だ) / ナ형용사(だ) / 동사・イ형용사의 사전형 + と

93

～なら ~면

「なら」는 '～(할)거면'의 뜻으로 미래의 가정을 나타내거나, 상대의 말을 받아 대답할 때, 또는 어떤 특정한 것을 주제로 삼아 말할 때 자주 쓰인다. 미래 일을 가정할 때는「私(わたし)が鳥(とり)なら」(내가 새라면) 처럼 일어날 가능성이 희박한 경우에도 쓸 수 있다.

今度の土曜日ひまならコンサートに行きませんか。

이번 토요일 시간이 있으면 콘서트에 안 갈래요?

部屋を借りるならどんな部屋がいいですか。

방을 빌린다면 어떤 방이 좋습니까?

「お母さんは?」「お母さんなら、買い物に行ったよ。」

'엄마는?' '엄마는 장보러 가셨어.'

海外旅行に行くならヨーロッパがいい。

해외여행을 간다면 유럽이 좋다.

途中でやめるなら初めからやらない方がいい。

도중에 그만둘거면 처음부터 하지 않는 편이 낫다.

【접속】명사·ナ형용사의 사전형·た형·부정형 / 동사·イ형용사의 보통형 + なら

～ば ~면

「ば」는 어떻게 하면 뒤의 일이 성립되는지, 목적달성의 조건을 제시하는 뉘앙스가 강하다. 일반적인 진리나 판단을 나타낼 때, 속담 등에 자주 쓰인다. 또, 앞에 구체적인 상황을 제시하고 그렇다면 어떻게 한다는 내용이 뒤에 올 때도 쓰는데, 이때는 회화체에서 たら를 쓰는 경우가 많다.

春になれば暖かくなる。	봄이 되면 따뜻해진다.
5時になれば母も帰ってくる。	5시가 되면 어머니도 돌아오신다.
見ればわかりますよ。	보면 알 거예요.

バスで行けば1時間で行けます。　버스로 가면 한 시간이면 갈 수 있어요.

【접속】 명사・ナ형용사의 사전형 / 동사, イ형용사의 가정형 + ば
【참고】 가정형 만드는 법 : ① 동사 : 끝음을 e단음으로 바꾸고 「ば」를 붙인다.
　　　　　　　　　　　　② イ형용사 : 끝음 「い」를 떼고 「ければ」를 붙인다.

● **유사표현 「～たら」, 「～と」, 「～なら」**

① 「～たら」 … 앞의 일이 완료했을 때 뒤의 일이 성립한다.
② 「～と」 … 앞의 일이 성립되면 뒤에는 반드시 그렇게 된다는 뉘앙스를 나타낸다.
③ 「～なら」 … 상대방의 말을 받고 대답할 때 쓴다.
④ 「～ば」 … 일반적인 진리, 판단, 속담을 나타내거나 조건을 제시할 때 쓴다. 화자의 경험적 토대에 근거한다는 뉘앙스가 있다.

① 다 썼으면 제출해 주세요.
　▶ 뒤에 의뢰, 명령, 의지, 금지, 충고 등의 문장이 올 때는 「たら」가 가장 자연스럽다.

・書き終わったら出してください。　（○）
・書き終わると　　　　　　　　　（×）
・書き終わるなら　　　　　　　　（×）
・書き終われば　　　　　　　　　（×）

② 불을 켰더니 밝아졌다.
　▶ 과거문에서는 「たら」「と」가 적격이다 뜻은 '~했더니'.

・電気をつけたら、明るくなった。　（○）
・電気をつけると、明るくなった。　（○）
・電気をつけるなら、明るくなった。（×）
・電気をつければ、明るくなった。　（×）

③ 운전할 거면 술을 안 마셔요.
　▶ '~할거면'과 같이 미래가정을 나타낼 때는 「なら」를 쓴다.

・運転したら、お酒を飲みません。　（×）
・運転すると、お酒を飲みません。　（×）
・運転するなら、お酒を飲みません。（○）
・運転すれば、お酒を飲みません。　（×）

「たら」로 표현하면 「お酒を飲んだら運転しません。」(술을 마시면 운전 안 해요.)가 된다. 「たら」는 술을 마신 후에는 운전하지 않는다는 뜻이지만, 「なら」는 운전할 거면 술을 마시지 않겠다는 뜻이다.

※ イ형용사의 가정형 (ば형) : 어미 「い」를 떼고 「ければ」를 붙인다.
　ナ형용사・명사의 가정형 : 없음 (「～なら」, 「～であれば」로 표현)

3급수준

틀리기쉬운추량가정존경표현15

95

109 　～といい　　　　　～하면 좋겠다

화자의 희망을 나타내며, 뒷문장이 「のに / なぁ / のだが」로 끝날 경우가 많다. 유사표현으로 「～たらいい, ～ばいい」 등이 있고, 대부분의 경우 바꿔 말할 수 있다.

<ruby>父<rt>ちち</rt></ruby>や<ruby>母<rt>はは</rt></ruby>が<ruby>元気<rt>げんき</rt></ruby>だといいんですが。

아버지, 어머니께서 건강하셨으면 좋겠는데.

<ruby>明日<rt>あす</rt></ruby>は<ruby>遠足<rt>えんそく</rt></ruby>だから、<ruby>晴<rt>は</rt></ruby>れるといいなぁ。

내일은 소풍이니까 날씨가 좋아야 할 텐데….

【접속】명사・ナ형용사의 사전형 + だといい / 동사, イ형용사의 사전형 + といい

110 　特別尊敬語 (특별 존경어)

특별한 형태의 경어로서 독립적인 동사와 같이 쓰이는 말들이다.

1 いらっしゃる　　　　いる, 来る, 行く의 존경어

단독으로도 쓰이고, 「て형 + いらっしゃる」형태로도 많이 쓰인다.

<ruby>先生<rt>せんせい</rt></ruby>はお<ruby>宅<rt>たく</rt></ruby>にいらっしゃいます。　　선생님은 댁에 계십니다.

<ruby>韓国<rt>かんこく</rt></ruby>にはいついらっしゃいましたか。　　한국에는 언제 오셨어요?

<ruby>先生<rt>せんせい</rt></ruby>が<ruby>歩<rt>ある</rt></ruby>いていらっしゃる。　　선생님께서 걷고 계신다.

どちらにいらっしゃいますか。　　어디 가세요?

こちらは<ruby>弊社<rt>へいしゃ</rt></ruby>の<ruby>社長<rt>しゃちょう</rt></ruby>でいらっしゃいます。　이쪽은 저희 회사 사장님이십니다.

2 くださる　　　　くれる의 존경어

「동사의 て형 + くださる」는 「～してくれる」(~해 주다)의 경어표현이다. 「お + 동사의 ます형 + くださる」, 「ご + 한자어(+する의 어간) + くださる」형태로 상대가 나에게 은혜를

베푼다는 뉘앙스의 존경표현으로 쓰인다. 「お客様(きゃくさま)がご利用(りよう)くださる。(손님이 이용해 주시다.)」

これは先日下さったペンです。
이건 일전에 주신 펜입니다.

先生はいつも応援して下さいました。
선생님은 늘 응원해 주셨습니다.

教えて下さった通りにやります。
가르쳐 주신 대로 하겠습니다.

先生は毎日聖書を読んで下さった。
선생님은 매일 성경을 읽어 주셨다.

3 なさる　　　　　　　する의 존경어

'~하시다'란 뜻으로 쓰일 때는 「お + 동사의 ます형 + なさる」, 「ご + 한자어(+する의 어간) + なさる」형태로 쓰인다. お休みなさる(쉬시다) ご出発なさる(출발하시다) 또, 명령형 「~なさい」는 아랫사람한테 쓰는 표현이지만, 「~なさいませ」형태로 쓰이면 정중한 의뢰문이 된다. 「お気をつけなさいませ。(조심하십시오.)」

無理をなさらなくてもけっこうです。
무리하시지 않으셔도 됩니다.

お気になさらないで下さい。
신경쓰지 마세요.

健康のために少し運動をなさった方がいいです。
건강을 위해 운동을 좀 하시는 것이 좋습니다.

4 召す　　　　　　　食べる, 飲む, 着る의 존경어

'드시다'는 「(お)召し上がる」형태로, '입으시다'는 「お召しになる」형태로 쓰인다. 이밖에 「召(め)す」에는 「あの人は天(てん)に召(め)された。(저 사람은 하늘의 부르심을 받았다.)」와 같은 특별한 용례도 있다.

どうぞたくさん召し上がってください。
어서 많이 드세요.

今日お召しのコートはとてもすてきです。
오늘 입으신 코트 너무 멋있으세요.

5 おっしゃる　　　　　　言うの 존경어

いらっしゃる、くださる、なさる、ござる、おっしゃる 이 다섯 개 동사의 ます형은 각각 いらっしゃいます、くださいます、なさいます、ございます、おっしゃいます이다.

社長のおっしゃることが理解できません。

사장님께서 하시는 말씀이 이해가 되지 않습니다.

まさしくおっしゃる通りです。

정말 말씀하시는 그대로입니다.

6 御存知だ　　　　　　知っているの 존경어

先生もそのことはすでに御存知です。

선생님께서도 그 일은 이미 알고 계십니다.

御存知の通り、これは新しいモデルです。

아시는 바와 같이 이것은 새 모델입니다.

7 亡くなる　　　　　　死ぬの 존경어

私の父は5年前に亡くなりました。

저희 아버님은 5년전에 돌아가셨습니다.

亡くなった人のことをいつまでも考えるのはよくないです。

돌아가신 분을 언제까지나 생각하는 것은 좋지 않습니다.

8 御覧になる　　　　　　見るの 존경어

ピカソの絵は御覧になりましたか。　　　피카소 그림은 보셨습니까?

作品をゆっくり御覧ください。　　　작품을 천천히 보십시오.

9　お出でになる　　　　　　行く，来る의 존경어

今日のパーティーに大使もお出でになるそうです。

오늘 파티에 대사님도 가신다고 합니다.

お出でになった方の数を数えてください。

출석하신 분들의 수를 헤아려 주세요.

111 特別謙譲語 (특별 겸양어)

특별한 형태의 겸양어이다.

1　おる　　　　　　　　　いる의 겸양어

鈴木はただいま席をはずしております。

스즈키는 지금 자리에 없습니다.

またお会いできることを期待しております。

또 만날 수 있기를 기대하고 있겠습니다.

2　参る　　　　　　　　行く，くる의 겸양어

今すぐそちらへ参ります。　　　지금 바로 그쪽으로 가겠습니다.

社長のお迎えが参りました。　　사장님을 모시러 왔습니다.

3　申す(申し上げる)　　　言う의 겸양어

「ご + 한자어(+する의 어간) + 申し上げます」형태로 많이 쓰인다.

今からご説明申し上げます。　　지금부터 설명해 드리겠습니다.

先日 申し上げたように、まだ検討の余地があります。

일전에 말씀드린 바와 같이 아직 검토의 여지가 있습니다.

④ 拝見する　　　　　　　　見る, 読む의 겸양어

좀더 정중한 표현은 「拝見いたす」이다.

先生の絵を拝見しました。　　　　　선생님의 그림을 보았습니다.

その詩を拝見して感銘を受けました。　그 시를 읽고 감명을 받았습니다.

⑤ 伺う　　　　　　　　　　聞く, 訪れる의 겸양어

ちょっとお伺いしたいことがあります。　잠깐 여쭙고 싶은 것이 있습니다.

3時にお伺いしてもよろしいですか。　3시에 방문해도 좋습니까?

⑥ いただく　　　　　　　もらう, 食べる, 飲む의 겸양어

「동사의 て형 + て いただく」는 「〜してもらう」의 겸양표현이다. 「お + 동사의 ます형 + いただく」 또는 「ご + 한자어(+する의 어간) + いただく」는 은혜를 받는다는 느낌을 전하는 겸양표현이다. ・お客(きゃく)さまにご利用(りよう)いただく。(손님께서 이용해 주시다.)

いただきます。　　　　　　　　잘 먹겠습니다.

ぜひこの本を読んでいただきたいです。　꼭 이 책을 읽어 주셨으면 합니다.

使い方を教えていただけますか。　　사용법을 가르쳐 주시겠습니까?

⑦ いたす　　　　　　　　　　する, 行う의 겸양어

주로 「お(ご) + 동사의 ます형 + いたします」 형태로 '〜하겠습니다'란 뜻의 정중한 표현을 만든다.

どうぞよろしくお願いいたします。　　아무쪼록 잘 부탁드립니다.

それはご遠慮いたします。　　그것은 사양하겠습니다.

8 存じる　　　　　　　　知る의 겸양어

「存じています」보다 더 정중한 표현은 「存じております, 存じ上げております」.

先生のことは以前から存じています。　선생님에 대해서는 전부터 알고 있습니다.

その件に関しては何も存じません。　그 건에 관해서는 아무것도 모릅니다.

3時にいらっしゃると存じておりますが…。

3시에 오시는 걸로 알고 있는데요….

9 お目にかかる　　　　　　会う의 겸양어

お目にかかれてうれしいです。　　만나뵙게 되어 반갑습니다.

ぜひ一度お目にかかりたいです。　꼭 한번 뵙고 싶습니다.

10 お目にかける　　　　　　見せる의 겸양어

'보여 드리다'는 「お見(み)せする」라고도 하는데, 「見せる」가 단순히 보여 주다란 뜻이 있
다면 「お目にかける」는 만나게 해드리고 싶다는 뉘앙스가 들어 있다.

一度、私の犬をお目にかけたいです。

한번 저의 강아지를 보여드리고 싶어요.

先生にお目にかけたい人がいます。

선생님께 만나뵙게 하고 싶은 사람이 있습니다.

112 **お(ご)〜ください**　　　　～해 주십시오 / ～하십시오〈존경〉

「〜てください」보다 좀더 정중하고 격식을 차린 표현. 한자어로 된 단어와 같이 쓰일 때는 「ご〜ください」형으로 쓰지만, 「電話(でんわ)」「返事(へんじ)」의 경우는 「お電話」「お返事」가 된다.

どうぞこちらにお座(すわ)りください。　　　어서 이쪽으로 앉으세요.

どうぞご遠慮(えんりょ)なくお使(つか)いください。　자, 사양 마시고 쓰세요.

ご理解(りかい)くださると信(しん)じております。　이해해 주시리라 믿습니다.

【접속】お + 동사의 ます형 + ください / お(ご) + 한자어 + ください

113 **お(ご)〜する / いたす**　　　～합니다 / ～해 드리다〈겸양〉

「お〜いたす」는 「お〜する」보다 더 겸손하면서 정중한 표현. 주로 ます형으로 쓰인다. 한자어는 「ご〜する/いたす」형이 많지만, 「電話する」는 「お電話する/いたす」를 쓴다.

私(わたし)のかさをお貸(か)ししましょう。　제 우산을 빌려 드릴게요.

先生(せんせい)の趣味(しゅみ)をおたずねしました。　선생님의 취미를 여쭤봤습니다.

駅(えき)までお送(おく)りいたします。　역까지 모셔다 드리겠습니다.

10日(とおか)までにご返信(へんしん)いたします。　10일까지 답변 드리겠습니다.

【접속】お + 동사의 ます형 + する(いたす) / お(ご) + 한자어 + する(いたす)

114 **お〜になる**　　　～하시다〈존경〉

「見る, 着る」와 같이 ます형이 될 때 「ます」앞에 오는 음절이 한 음절인 동사는 이 형태로 쓸 수 없다. 한문명사에 붙이면 「ご〜なる / なさる」형태가 될 경우가 많다.

「先生はいつ戻られますか。」

「お戻りになるまで少し時間がありますので、少々お待ちください。」

'선생님은 언제 오세요?' '오실 때까지 조금 시간이 있으니까 저기서 기다려 주세요.'

お母さんはいつお帰りになりますか。 어머니는 언제 돌아오세요?

先生は何をお飲みになりますか。 선생님은 뭘 드시겠습니까?

【접속】お + 동사의 ます형 + なる

● 존경의 れる / られる

동사의 경우 「れる/られる」조동사로 존경동사를 만들 수 있는데, 「お~になる」보다 약간 가벼운 느낌이 든다. 「れる/られる」는 또한 존경, 수동, 가능, 자발의 네 가지 기능이 있으므로 그 용법은 문맥으로 파악하면 된다.

■ 존중도의 비교(아래로 내려갈 수록 존중도가 높아진다.)

・ビールを飲まれる

・ビールをお飲みになる

・ビールを召し上がる

・ビールを召し上がりになる

・ビールをお召し上がりになる

※ 특별존경어 중에는 「お~になる」형태로 더욱 정중도가 올라가는 것이 있다.
「お亡(な)くなりになる」(돌아가시다)
「お召(め)しになる」(입으시다) 등.

■ 「れる・られる」의 용법비교

〈존경〉先生はケーキを食べられました。

〈수동〉かえるはへびに食べられました。

〈가능〉今はキムチが食べられます。

〈자발〉「思(おも)う, 考(かんが)える, 偲(しの)ぶ」등 몇 가지 동사에 붙어 저절로 그렇게 됨을 나타낸다.

・この現象は、地球温暖化が原因だと思われる。

이 현상은 지구온난화가 원인이라고 생각된다.

01 はずかし(　　　　　)な顔をして下を見ている。

부끄러운 듯한 얼굴을 하고, 아래를 보고 있다.

02 田中さんの話によると、山田さんは明日富士山にのぼる(　　　　　)。

다나카 씨의 이야기에 의하면, 야마다 씨는 내일 후지산에 오른다고 한다.

03 生まれてくる子供が健康である(　　　　)いいなぁ。

태어날 아이가 건강했으면…

04 さびしかっ(　　　　)電話をください。

외로우면 전화를 하세요.

05 そのかどを右にまがる(　　　　)、郵便局があります。

그 모서리를 오른쪽으로 돌면, 우체국이 있습니다.

06 「明日コンサートに行くつもりですが、あなたも行きませんか。」

「ええ。あなたが行く(　　　　)私も行きます。」

'내일 콘서트에 갈 생각인데, 당신도 가실래요?' / '네, 당신이 가면 저도 갈게요.'

07 彼はまるでお酒を飲んだ(　　　　)顔をしています。

그는 마치 술을 마신 것 같은 얼굴을 하고 있습니다.

08 彼女はダイエットをしている(　　　　)です。

그녀는 다이어트를 하고 있다는 것 같습니다.

09 ニュースによると地震があった(　　　　)です。

뉴스에 의하면 지진이 있었다고 합니다.

10 彼は今お金がない(　　　　)です。

그는 지금 돈이 없는 것 같습니다

11 おいし(　　　　)ピザですね。

맛있어 보이는 피자네요.

12 今にも雨が降り(　　　　)。

지금 당장이라도 비가 내릴 것 같아요.

13 家に帰っ(　　　　)友達が来ていました。

집에 갔더니 친구가 와 있었습니다.

14 鬼の(　　　　)先生です。

도깨비 같은 선생님입니다. (호랑이선생님)

15 外にだれか来た(　　　　)。

밖에 누군가 온 것 같습니다.

16 社長は先週日本へ(　　　　　　　)ました。

사장님은 지난 주에 일본에 가셨습니다.

17 田中さんが書いた絵を御覧に(　　　)ましたか。

다나카 씨가 그린 그림을 보셨습니까?

18 先生は図書館に(　　　　　　)ます。

선생님은 도서관에 계십니다.

19 私は先生のお宅でおいしいお酒を(　　　　　　)ました。

저는 선생님 댁에서 맛있는 술을 마셨습니다.

20 (　　　　)かかれてうれしいです。

만나뵙게 되어 반갑습니다.

21 私は田中と(　　　　)ます。

저는 다나카라고 합니다.

22 ご自由に(　　　　)ください。

자유롭게 쓰세요.

23 (　　　　　)の通り、我が社は創立50周年を迎えます。

아시는 바와 같이 저희 회사는 창립 50주년을 맞이합니다.

24 今日(　　　　)のワンピース、とてもよくお似合いですよ。

오늘 입으신 원피스 아주 잘 어울리세요.

3급문형 체크 리스트

いくら~ても	▶いくら待っても彼は来ませんでした。	p.82
いたす	▶どうぞよろしくお願いいたします。	p.100
いただく	▶いただきます。	p.100
いらっしゃる	▶先生はお宅にいらっしゃいます。	p.96
伺う	▶ちょっとお伺いしたいことがあります。	p.100
お出でになる	▶お出でになった方の数を数えてください。	p.99
お(ご)~ください	▶どうぞこちらにお座りください。	p.102
お(ご)~する/いたす	▶私のかさをお貸ししましょう。	p.102
おっしゃる	▶まさしくおっしゃる通りです。	p.98
お~になる	▶先生は何をお飲みになりますか。	p.102
お目にかかる	▶お目にかかれてうれしいです。	p.101
お目にかける	▶先生にお目にかけたい人がいます。	p.101
おる	▶鈴木はただいま席をはずしております。	p.99
~終わる / ~終える	▶宿題をやり終えてから遊びに行く。	p.60
~かもしれない	▶山下さんは来年結婚するかもしれません。	p.71
~がる	▶子供は何でもほしがります。	p.72
くださる	▶これは先日下さったペンです。	p.96
御存知だ	▶先生もそのことはすでに御存知です。	p.98
~こと	▶昨日田中さんが入院したことを聞きましたか。	p.73

～つもりだ	▶私は将来医者になるつもりです。	p.76
～ていく	▶秋になると、だんだん木の葉の色が変わっていく。	p.63
～ておく	▶パーティーのためにいろいろ準備をしておきました。	p.65
～てくる	▶このごろ肉を食べない人が増えてきました。	p.64
～てくれる	▶田中さんが東京を案内してくれました。	p.65
～てはいけない	▶ここで写真をとってはいけません。	p.66
～てみる	▶食べてみたらとてもおいしかったです。	p.64
～てもいい / かまわない	▶宿題が終わったら、遊びに行ってもいい。	p.67
～てやる	▶野球はぼくが教えてやるよ。	p.66
～と	▶窓をあけると、部屋がすずしくなった。	p.93
～といい	▶父や母が元気だといいんですが。	p.96
～ところだ	▶今から母に電話をかけるところです。	p.77
～直す / ～返す	▶もう一度考え直した方がいいです。	p.60
～なくてはいけない	▶宿題はかならずしなくてはいけません。	p.67
～なくてもいい /かまわない	▶けがが治ったので、もう病院へ行かなくてもいい。	p.68
亡くなる	▶私の父は5年前に亡くなりました。	p.98
なさる	▶無理をなさらなくてもけっこうです。	p.97
～なら	▶海外旅行に行くならヨーロッパがいい。	p.94
～にくい	▶このかさは重くてさしにくいです。	p.62
～ので	▶その公園は静かなので、よく散歩に行きます。	p.81

일본어능력시험 2급수준

115 ~あげく(に)　　　～한 결과, ～한 끝에

'결국'(結局のところ), '～의 결과로'(～の結果として). 여러 과정을 거치거나 오랜 시간 끝에 이루어진 결정이나 결과를 나타낸다. 보통 뒤에는 좋지 않은 결과가 오는 경우가 많다. 「あげくの果て」는 「あげく」의 강조형.

どこに留学しようかと悩んだあげく、アメリカに決めた。

어디로 유학할까 고민한 끝에 미국으로 정했다.

借金のあげく、彼は自己破産した。

빚 때문에 그는 자기파산했다.

あげくの果てに彼は犯罪者になった。

끝내 그는 범죄자가 되었다.

【접속】 명사(の) / 동사의 た형 + あげく

116 ~あまり(に)　　　～한 나머지

감정이나 상태를 나타내는 말에 붙어서 원인·이유를 나타낸다. 「～たあまり」는 그에 따른 결과로 어떻게 되었다고 할 때 동사에 주로 쓰고, 형용사의 경우 뒤의 시제와는 크게 상관없이 현재형으로 쓰는 것이 보통이다.

彼女の事を気にするあまり、勉強に集中できない。

그녀에게 신경쓰는 나머지 공부에 집중할 수가 없다.

彼女は難しい試験に合格し、うれしさのあまり跳び上がった。

그녀는 어려운 시험에 붙어서 기쁜 나머지 뛰어올랐다.

【접속】 명사(の) / ナ형용사의 사전형 + な / 동사·イ형용사의 보통형 + あまり(に)

117 ～以上 ～(한) 이상

뒤에는 마음의 결정이나 다짐을 나타내는 말이 이어진다. 문어체에서는 「～上(うえ)は」로
표현한다.

いったん引(ひ)き受(う)けた以上(いじょう)、途中(とちゅう)であきらめることはできない。

일단 맡은 이상은 중간에서 포기할 수 없다.

野球選手(やきゅうせんしゅ)をやる以上(いじょう)、一流(いちりゅう)のプレーヤーになりたい。

야구선수를 하는 이상, 일류 선수가 되고 싶다.

【접속】 명사(である) / 동사・イ형용사의 명사수식형 + 以上

118 ～一方だ 계속 ～하기만 하다

계속 그렇게 되기만 하는 것(そうなるばかりであること). 주로 부정적인 쪽으로 일방적으
로 변화한다는 뜻이다. 「동사 + 一方だ」는 「동사 + ばかりだ」로 바꿔말할 수 있다.

彼(かれ)のことを知(し)れば知(し)るほど嫌(きら)いになる一方(いっぽう)です。

그를 알면 알수록 싫어지기만 하다.

手術(しゅじゅつ)が終(お)わってからも、母(はは)の病状(びょうじょう)は悪(わる)くなる一方(いっぽう)です。

수술이 끝나고도 어머니의 상태(몸)는 계속 나빠지고 있다.

中東(ちゅうとう)の情勢不安(じょうせいふあん)から原油価格(げんゆかかく)は上(あ)がる一方(いっぽう)だ。

중동의 정세불안으로 원유가격이 계속 오르고 있다.

彼(かれ)はダイエットどころか、体重(たいじゅう)が増(ふ)える一方(いっぽう)だ。

그는 다이어트는 커녕, 몸무게가 계속 늘고 있다.

【접속】 명사 / イ형용사의 끝음「い」를 떼고 + くなる / ナ형용사의 사전형 + になる / 동사의 사전형
+ 一方だ

119 ～上で
~한 다음에, ~한 후에

「～上での」처럼 여러가지 조사가 연결될 수 있다.

アパートは部屋を見た上で、借りるかどうかを決めたいです。

아파트는 방을 보고 나서 빌릴지를 정하고 싶습니다.

説明をよくお聞きになった上で、お決めください。

설명을 잘 들으신 후에 결정하십시오.

それはよく考えた上での結論だ。

그것은 생각하고 또 생각한 끝에 내린 결론이다. (숙고한 결론이다.)

【접속】 동사의 た형 + 上で

120 ～上に
~한 데다가〈추가, 첨부〉

하나에 조건에 다른 것을 하나더 첨부하여 말할 때 쓴다. 주로 「동사 과거형 + たうえに」
형태로 '~을 한 데다가'의 뜻으로 많이 쓴다.

彼は責任感が強い上に正義感も強い。

그는 책임감이 강한 데다가 정의감도 강하다.

ごちそうになった上にお土産ももらった。

맛있는 것도 대접받은 데다가 선물도 받았다.

彼女きれいな上におしとやかだ。

그녀는 예쁜데다가 얌전하기도 한다.

【접속】 イ형용사 · ナ형용사 · 동사의 명사수식형 + 上に

～うちに　　　　　　　～동안에

「～うちに」는「～하고 있는 동안에, 그 시간 내에」라는 뜻이 있고,「～ないうちに」는「～하지 않는 상태가 계속되는 동안에」라는 뜻을 나타낸다.

明るいうちに帰らないと、ご両親が心配されますよ。

밝을 때 (어두워지기 전에) 집에 안 가면 부모님이 걱정하세요.

雨が降らないうちに、家に帰った方がいい。

비가 안 내리는 사이에 (비가 내리기 전에) 집에 가는 게 낫다.

【접속】명사(の) / 동사의 사전형, ない형, している형 / ナ형용사의 사전형 + な / イ형용사의 사전형, ない형 + うちに

● 「～ないうちに」와 「～する前に」(～하기 전에)

뜻은 비슷하지만,「～する前に」는 순서의 느낌이 강하고, 그전에 어떤 행동을 취하지 않으면 뒤에 안 좋은 결과가 올 것이라고 예상하여 말할 때는「～ないうちに」를 쓴다.

· 明るいうちに帰らないと、ご両親が心配されますよ。= 暗くなる前に
· 雨が降らないうちに、家に帰った方がいい。= 雨が降る前に

～得(う / え)る / ～得(え)ない　　　～수 있다 / 없다

「～得る」는 '그럴 가능성이 있다',「～得(え)ない」는 '그럴 가능성이 없다'는 뜻. 긍정형은「うる」「える」둘 다 쓰지만, 부정형은「えない」로만 쓴다. 문어체이지만,「ありうる / ありえない」(있을 수 있다 / 있을 수 없다)는 일상회화에서도 많이 쓰인다.

彼の取った行動は、十分理解し得るものであった。

그가 취한 행동은 충분히 이해할 수 있다.

あんなにやさしい彼が暴力をふるうなんて、絶対にあり得ない。

그렇게 유순한 그가 폭력을 휘두르다니 절대 있을 수 없다.

【접속】동사의 ます형 + 得(う / え)る / 得(え)ない
【주의】「～得る」는 능력이나 기술에는 쓸 수 없다. 이 때는 가능표현을 써야 한다.
· 彼は英語が話せる。 → 話し得る(×) 그는 영어를 할 수 있다.
※ 사전형은「うる / える」두 개 있지만, ます형은「えます」, 부정형은「えない」, た형은「えた」뿐이다.

123 **～おかげで**   ~덕분에, 덕택에

주로 좋은 결과에 쓰인다. 나쁜 결과는 「～せいで」, 둘 다 쓸 수 있는 것은 「～のために」가 있다. 동작은 「～てくれたおかげで / ～てもらったおかげで」형태로 쓰인다. 단, 「おかげさまで」(덕분에요)는 인사말로 독립적으로 쓰는 말이므로 주의.

かれ（彼）のおかげで、いのちびろ（命拾）いをした。   그 덕분에 목숨을 건졌다.

いえ（家）のちか（近）くにちかてつ（地下鉄）ができたおかげで、べんり（便利）になった。

집 근처에 지하철이 생긴 덕분에 편리해졌다.

【접속】명사・イ형용사・ナ형용사・동사의 명사수식형 + おかげで

> ● 유사표현 「～せいで」, 「～ために」
>
> ・「～せいで」 … 뒤에 안 좋은 결과가 온다. 비난하는 마음이 담긴 표현. '～탓에'
> ・「～ために」 … 뒤에 좋은 결과, 안 좋은 결과 둘 다 올 수 있다. '～때문에'
>
> ・熱があるせいで、何を食べても味がない。
> 　열이 있어서 무엇을 먹어도 맛이 없다.→ おかげで (×), ために (○)
>
> ・彼女が看病をしてくれたおかげで、40度近くあった熱も下がった。
> 　그녀가 간호해 준 덕분에 40도 가까이 있던 열도 내렸다.→ せいで (×), ために (○)
> ※ 안 좋은 일에 「～おかげで」를 써서 일부러 비꼬아서 말할 때 쓰기도 한다.
> 　・台風が上陸したおかげで予定していた旅行が中止になった。

---

124 **～恐れがある**   ~할 우려가 있다

바람직하지 않은 일에만 쓰인다. 뉴스나 해설기사 등에 많이 쓰인다. 유사표현 「～危険性 (きけんせい)がある」(위험이 있다).

このままにしておくと、だいじこ（大事故）につながるおそ（恐）れがある。

이대로 놔두면 큰 사고로 이어질 우려가 있다.

ちち（父）のかいしゃ（会社）はけいえい（経営）がくる（苦）しく、このままではつぶれるおそ（恐）れがある。

아버지의 회사는 경영이 어려워서 이대로 가다가는 망할지도 모른다.

【접속】명사・동사・イ형용사・ナ형용사의 명사수식형 + 恐れがある

～限り(は) ～하는 한

「～ない限り(は)」형태로 '그 일이 일어나지 않는 한'이라는 뜻으로 많이 쓴다.

夜遅く一人で歩かない限り、安全です。

밤늦게 혼자서 걸어다니지 않는 한 안전합니다.

50点以下を取らない限り、不合格にはなりません。

50점이하를 받지 않는 한, 불합격 되지는 않습니다.

代表選手である限り、堂々としたプレーをしたい。

대표선수인 한 당당한 경기를 하고 싶다.

【접속】 명사(である) / 동사・イ형용사・ナ형용사의 명사수식형 + 限り

～限りでは ～하는 한

「見る, 聞く, 調べる, 知る」등의 동사에 접속한다. '자기가 갖고 있는 지식이나 경험을 바탕으로 판단하면'이라는 뜻. 「～限りで」, 「～限り」라고 할 때도 있다.

私の見る限りでは、彼は信頼できる人物だ。

내가 보는 한 그는 믿을 수 있는 사람이다.

私の知る限りでは、彼はそんな事をするような人ではない。

내가 알기로는 그는 그런 짓을 할 사람이 아니다.

【접속】 동사의 사전형, た형 + 限りでは

> ● 어말표현에 쓰이는 「～限りだ」
>
> '정말 (말할 수 없이) ～하다' 라는 뜻.
>
> ・彼の病気がよくなって本当にうれしい限りです。 그의 병이 좋아져서 정말 기쁩니다.
>
> ・最終回で逆転されてくやしい限りです。 마지막회에서 역전패를 당해 정말 억울합니다.

127 ～かけの / かける　　　　～하다가 만

① 「～かけの」는 어떤 구체적인 동작을 하다가 만 상태, 또는 진행중임을 나타낸다. 「～かける / ～かけだ」형태로도 쓰인다. 「食(た)べかけ、書(か)きかけ、編(あ)みかけ、腐(くさ)りかけ、言(い)いかけ」등. ② 「동사의 ます형 + かける」는 어떤 동작을 시작해서 상대방에게 영향을 미치는 것을 나타낸다. 「呼(よ)びかける、話(はな)しかける、笑(わら)いかける」등.

机の上に置いておいた読みかけの本を母が片付けてしまった。
책상 위에 놔 둔 읽다가 만 책을 엄마가 치워 버렸다.

彼ははじめて自分から話しかけた。 그는 처음으로 자신이 먼저 말을 걸었다.

- -

【접속】 동사의 ます형 + かける / かけの(+명사)

128 ～がたい　　　　～하기 어렵다

하고 싶어도 현실적으로 거의 불가능하다, 하려고 해도 못한다는 뜻이다. 想像(そうぞう)しがたい(상상하기 어렵다), 認(みと)めがたい(인정하기 어렵다), 受(う)け入(い)れがたい(받아들이기 어렵다) 등.

やさしくて物静かな彼がそんなことを言ったなんて、信じがたい。
다정하고 점잖은 그가 그런 말을 했다니 믿을 수 없다.

相手側の要求はこちらとしては受け入れがたい。
상대측 요구는 우리로서는 받아들이기 어렵다.

- -

【접속】 동사의 ます형 + がたい

> **유사표현 「～にくい」와 「～づらい」**
>
> ① 「～にくい」: 물리적, 생리적인 이유로 어렵다는 뜻. 사물, 사람 모두 쓸 수 있다.
> ・字が小さくて読みにくい。글씨가 작아서 읽기 어렵다.
>
> ② 「～づらい」: 그 행위를 하는 사람이 정신적으로 고통을 느낀다는 뜻.
> ・彼女に「やめてくれ」とは言いづらい。그녀에게 그만두라고는 말하기 힘들다.
>
> ③ 「～がたい」: 그렇게 하려고 해도 할 수가 없다는 뜻.
> ・彼の言い分は理解しがたい。그의 주장은 이해하기 어렵다.

〜がちだ　　　　　　　　　　**걸핏하면 〜하다 / 자주 〜하다**

명사에 붙으면 '그 상태가 되기 쉽다'는 뜻이고, 동사에 붙으면 '의도하지 않아도 나도 모르게 그렇게 해 버린다'는 뜻이다. 「どうしても, つい, うっかり」 등이나 「〜てしまう」 등과 같이 쓰고, 주로 부정적인 평가에 쓰인다.

息子は生まれた時から体が弱く、病気がちである。

아들은 태어났을 때부터 몸이 약하고 툭하면 병치레를 한다.

結婚して何十年もたつと、結婚記念日さえ忘れがちになる。

결혼한 지 몇 십년 지나면 결혼기념일조차 깜빡 잊어버릴 때가 많다.

店長：「あれ、田中君は今日も来ていないのか。」

店員：「はい、さっき休むと電話がありました。」

店長：「彼は最近休みがちだな。この忙しい時期に困るんだよね。」

점장: '어? 다나카군은 오늘도 안 나왔어? / 점원: '네, 아까 못나온다고 전화가 왔어요.' / 점장: '그 친구는 요즘 툭하면 결근이야. 이런 바쁜 시기에, 이러면 곤란한데…'

【접속】 명사 / 동사의 ます형 + がちだ / がちの(+명사)

〜(か)と思いきや　　　　　　**〜일거라 생각했더니**

뒤에는 뜻밖에의 결과, 예상하던 것과 다른 결과가 온다. 뒤에 오는 결과가 처음에 생각했던 것과 달랐을 때 쓰는 표현.

アパートが駅の近くだから便利だろうと思いきや、そうでもなかった。

아파트가 역 주변이라서 편리할 거라 생각했지만 그렇지도 않았다.

悲しくて泣いているのかと思いきや、うれしさのあまり泣いていた。

슬퍼서 우는 줄 알았더니 너무 기쁜 나머지 울고 있었다.

【접속】 명사・ナ형용사의 사전형 / 동사, イ형용사의 보통형 + (か)と思いきや

> **● 유사표현 「~(か)と思ったら」**
>
> '~인 줄 알았는데, ~가 했더니'의 뜻.「~(か)と思いきや」가 문장체 표현이라면「~
> (か)と思ったら」는 회화체 표현이다.
>
> ・アパートが駅の近くだから便利だろうと思ったらそうでもなかった。
>   아파트가 역 근처라서 편리할 줄 알았는데 그렇지도 않았다.
>
> ・だれかと思ったら鈴木さんじゃありませんか。 누군가 했더니 스즈키 씨 아니에요?

---

131 ~か~ない(かの)うちに　　~하기도 전에

뒤에「~たい, ~つもりだ, ~だろう」등의 의지나 추측표현은 올 수 없다. 유사표현「~た
とたんに」, 「~やいなや」, 「~が早(はや)いか」로 바꿀 수 있다. 단,「~たとたんに」는 동사
의 た형에 접속하므로 주의.

チャイムが鳴り終わるか終わらないうちに彼は教室を飛び出して
いった。

종이 다 울리기도 전에 그는 교실을 뛰쳐 나갔다.

子供は雨がやむかやまないかのうちに外に出て行ってしまった。

아이는 비가 그치기도 전에 밖으로 나가 버렸다.

- -

【접속】 동사의 사전형 + か + 동사의 ない형 + (かの)うちに

---

132 ~かねない　　　~일 수도 있다

그럴 가능성, 위험성이 있다는 뜻이다. 부정적인 결과가 일어날 가능성이 있다고 생각할 때
쓰는 표현이다. 형태는 부정이지만 뜻은 긍정을 나타낸다.

この事実を彼が知ったら、大騒ぎになりかねない。

이 사실을 그가 알게 되면 난리가 날 수도 있다.

あの人なら、そのような事をやりかねない。

그 사람이라면 그런 일을 할 수도 있다.

- -

【접속】 동사의 ます형 + かねない

～かねる　　　　　　　　～하기 어렵다〈부정〉

어떤 사정이 있어서 심리적으로 '그렇게 할 수 없다, 그렇게 하기 어렵다'는 뜻이다.

当社^{とうしゃ}としましてはいたしかねます。 당사로서는 불가능합니다.

個人的^{こじんてき}なことを聞^きかれては、ちょっとお答^{こた}えしかねます。

개인적인 일을 물어보시면 답하기가 좀 곤란합니다.

【접속】 동사의 ます형 + かねる

～かのようだ　　　　　　(마치) ～는 듯하다〈비유〉

실은 그렇지 않은데 마치 그런 것처럼 행동하거나 느끼거나 하는 모양을 나타내는 표현이다.

彼女^{かのじょ}がほほえむと、まるで美^{うつく}しい花^{はな}が開^{ひら}いたかのようだ。

그녀가 웃음을 지으면 마치 아름다운 꽃이 핀 듯하다.

赤^{あか}ちゃんが泣^ないているかのような猫^{ねこ}の泣^なき声^{ごえ}。

아기가 울고 있는 것 같은 고양이의 울음소리.

【접속】 명사(である) / 동사의 보통형 + かのようだ

～からいって　　　　　　～로 봐서는

유사표현으로 「～からいうと / ～からいえば / ～からみれば / ～からすると」 등이 있다.

現状^{げんじょう}からいって、直^{ただ}ちにその計画^{けいかく}を実行^{じっこう}するのは無理^{むり}だ。

현 상태로 봐서는 곧바로 그 계획을 실행하는 것은 무리가 있다.

現実^{げんじつ}からいって、それが成功^{せいこう}する可能性^{かのうせい}は低^{ひく}い。

현실적으로 그것이 성공할 가능성은 낮다.

【접속】 명사 + からいって　(p.122 「からすると」 참조)

～からこそ ~니까, ~기 때문에 더더욱

이유를 나타내는 から에 강조의 こそ가 붙은 표현으로, 다름 아닌 바로 그이유로라는 뜻의 강조표현이다.

あなただからこそぜひお願いしたいんです。

당신이니까 더더욱 꼭 부탁하고 싶은 거예요.

みんなの協力があったからこそ成功できたのである。

모두의 도움이 있었기에 성공할 수 있었던 것이다.

【접속】명사・ナ형용사(だ, である) / 동사, イ형용사의 보통형 + からこそ

> **● 유사표현 「～ばこそ」**
>
> ・「からこそ」… 플러스 평가・마이너스 평가 둘 다 쓸 수 있다.
> ・「ばこそ」　 … 좋은 결과가 올 때만 쓴다. 조건을 강조하는 느낌.
> ・体が弱いからこそ嫌いなものも克服して食べなければいけない。(O)
> 　몸이 약하니까 싫은 것도 극복하고 먹어야 한다. ばこそ (×)
> ・みんなの協力があればこそ、すばらしい作品が仕上がるのだ。(O)
> 　모두의 협력이 있어야만 훌륭한 작품이 나오는 것이다.

～からすると ~를 보면(~로부터 판단하면)

판단의 기준이나 근거를 나타낸다.「～からみて / ～からいって / ～からみれば / ～からすれば」로 바꿀 수 있다.

あの態度からすると、彼は彼女のことを気に入ったようである。

그 태도를 보면 그는 그녀가 마음에 든 모양이다.

現在の世界情勢からすると、中東アジアの方面への旅行は控えた方がよさそうである。

현재의 세계정세를 보면, 중동아시아 방면으로의 여행은 피하는 것이 좋을 것 같다.

【접속】명사 + からすると

～からと言って　　　　　　　～라고 해서

「～からといって + 부정표현」으로 쓰인다. 앞의 조건이라고 해서 뒤의 일이 반드시 성립되지 않는다는 뜻이다. 문어체표현은 「～からとて」. 「～からと言って」보다 좀더 회화체적인 표현으로는 「～からって」가 있다.

説明を聞いたからと言って、すぐにできるものではない。

설명을 들었다고 해서 바로 할 수 있는 것은 아니다.

親しいからと言って、礼儀を忘れてはいけない。

아무리 친하다고 해도 예의를 잊으면 안된다.

日本人だからと言って、全ての人が正しい敬語を使うわけでもない。

일본 사람이라고 해서 모든 사람이 바른 경어를 구사하는 것은 아니다.

【접속】명사(だ) / ナ형용사(だ) / 동사・イ형용사의 보통형 + からと言って

～からには　　　　　　　～인 이상

어떤 상황이 된 이상. 뒤에는 「～べきだ, ～たい, ～はずだ」와 같은 표현과 호응구를 이룬다.

みんなで決めたからには、成功するようにがんばろう。

다 같이 결정한 이상 성공하도록 열심히 하자.

一度言ったからには、約束を守らなければならない。

한번 말한 이상 약속을 지켜야 한다.

やるからには、最後までやり通します。

하는 이상 끝까지 합니다.

【접속】동사의 사전형, た형 + からには

140 　〜かわりに 　　　　　　　　〜대신에

試験を受けるかわりにレポートを出すことになった。

시험을 보는 대신에 리포트를 제출하게 되었다.

部屋はきれいで広いかわりに少しうるさい。

방은 깨끗하고 넓은 대신에 조금 시끄럽다.

- -

【접속】동사・イ형용사의 사전형 + かわりに

141 　〜気味 　　　　　　　　　　약간 〜듯 하다

약간 그런 경향이 있거나 그런 기분이 드는 것을 나타낸다(そのような傾向があったり、そのような気分だったりすること). 주로 좋지 않은 경향에 쓴다. 「気味で / 気味の(+명사)」형태로도 쓰인다.

最近風邪気味で、あまり食欲がない。

요즘 감기 기운이 있어서 별로 입맛이 없다.

大学入試試験を明日に控えた息子はやや緊張気味である。

대학입학시험을 내일로 앞둔 아들은 약간 긴장한 듯하다.

ここ一週間、毎日残業をしたのでやや疲れ気味である。

최근 일주일동안 매일 야근을 했더니 약간 피곤하다.

- -

【접속】명사 / 동사의 ます형 + 気味

142 　〜きり〜ない 　　　　　　　〜한 채 〜지 않다

과거에 어떤 행동을 한 후 그 후에는 전혀 〜하지 않다는 뜻. 뒷부분을 생략해서 「〜きりだ」로 쓰기도 한다. 兄は十年前に家を出たっきりだ. 주로 「〜っきり」형태로 쓴다.

兄は十年前に家を出たきり、連絡がない。

오빠는 십년 전에 집을 나간 채 연락이 없다.

初恋（はつこい）の人（ひと）とは去年（きょねん）のクラス会（かい）で会（あ）ったきり、会（あ）っていない。

첫사랑하고는 작년의 동창회에서 만난 것이 마지막이다.

【접속】 これ, それ, あれ / 동사의 た형 + きり〜ない

143 〜きる / 〜きれる　　　　다 〜하다

「〜きる」는 '다 〜하다, 〜해냈다' '완전히 〜해 버리다'의 뜻이 있다.

父（ちち）は全（ぜん）50巻（かん）からなる古文書（こぶんしょ）を一週間（いっしゅうかん）で読（よ）みきった。

아버지는 총 50권이나 되는 고문서를 일주일 만에 다 읽었다.

彼女（かのじょ）は彼（かれ）のことを簡単（かんたん）にあきらめきれるだろうか。

그녀는 그를 쉽게 포기할 수 있을까?

彼（かれ）のような身勝手（みがって）な人（ひと）とは、これ以上（いじょう）付（つ）き合（あ）いきれない。

그와 같은 이기적인 사람과는 더이상 사귈 수 없다.

【접속】 동사의 ます형 + きる / きれる

```
●──「〜きる」가 들어간 표현

・走（はし）りきる　　…　완주하다
・書（か）ききる　　　…　다 쓰다
・読（よ）みきる　　　…　다 읽다
・信（しん）じきる　　…　철썩같이 믿다
・言（い）いきる　　　…　잘라 말하다
・弱（よわ）りきる　　…　약해빠지다
・困（こま）りきる　　…　곤경에 빠지다
・思（おも）いきって　…　마음먹고, 눈 딱 감고
・あきらめきれない　…　포기할 수 없다
・やりきれない　　　…　어떻게 할 수가 없다
```

～くせに　　　　　　　　～인데도 불구하고, ～면서

뒤에는 부정적인 내용이 이어진다. 비난이나 책망하는 마음이 담긴 표현이다.

知っているくせに、教えてくれない。

알고 있으면서 가르쳐 주지 않는다.

何も知らないくせに、知っているような顔をするな。

아무것도 모르면서 아는 척하지 마.

【접속】명사 · ナ형용사의 명사수식형 / 동사, イ형용사의 보통형 ＋ くせに

> ● **유사표현「～くせして」와「のに」**
>
> 「くせして」: 「くせに」와 바꿔쓸 수 있다. 좀더 회화체다운 느낌이 드는 말.
>
> ・何も知らないくせして、知っているような顔をするな。
>
> 「～のに」: 「～くせに」와 달리 앞뒤 주어가 달라도 쓸 수 있다. 비난의 정도가 낮다.
>
> ・(私は)怖い映画を見たら、ねむれなくなるのに友達が見ようと言う。→くせに（×）
>   (나는)무서운 영화를 보면 잠을 못자는데, 친구가 보자고 한다.
>
> ・(友達は)怖い映画を見たら、ねむれなくなるくせに見たがる。→のに（○）
>   (그친구는)무서운 영화를 보면 잠을 못자면서, 보고 싶어한다.

～くらい（ぐらい）だ　　　　～할 정도다

상태나 정도를 비유나 구체적인 예를 들어 표현할 때 쓴다. 「～くらい」와 「～ぐらい」는 크게 차이 없이 쓰인다.

試合に負けるなんて、くやしくて泣きたいぐらいだ。

시합에 지다니 분해서 울고 싶을 정도다.

とてもはずかしくて、穴があったら入りたいくらいだ。

너무 부끄러워서 쥐구멍이라도 있으면 들어가고 싶을 정도다.

【접속】동사의 보통형 ＋ くらい（ぐらい）だ

～げ ～듯함

눈으로 판단되는 모습(そのようなようす)을 나타낸다. ナ형용사활용을 한다.

<ruby>彼女<rt>かのじょ</rt></ruby>は<ruby>楽<rt>たの</rt></ruby>しげに、<ruby>彼<rt>かれ</rt></ruby>と<ruby>話<rt>はな</rt></ruby>しをしていた。

그녀는 즐겁게 그와 이야기를 나누고 있었다.

その<ruby>人<rt>ひと</rt></ruby>は<ruby>何<rt>なに</rt></ruby>か<ruby>言<rt>い</rt></ruby>いたげな<ruby>顔<rt>かお</rt></ruby>で<ruby>相手<rt>あいて</rt></ruby>の<ruby>人<rt>ひと</rt></ruby>を<ruby>見<rt>み</rt></ruby>つめていた。

그 사람은 뭔가를 말하고 싶은 듯한 얼굴로 상대방을 쳐다보고 있었다.

【접속】イ형용사의 어간 / ある의 ます형 + げ(だ) / げに / げな(+명사)

> **● 유사표현「～そうだ」**
>
> ① 일반적으로 회화에서는 「～そうだ」쪽을 더 많이 쓴다.
> ・彼女は楽しそうに彼と話しをしていた。(그녀는 즐겁게 그와 이야기를 하고 있었다.)
> ・その人は何か言いたそうな顔で相手の人を見つめていた。(그 사람은 뭔가 말하고픈 얼굴로 상대방을 바라보았다.)
>
> ② 다음 표현은 「～そうだ」로 바꿀 수 없으며 하나의 단어로 기억해야 한다.
> ・「可愛いげ(が)ない」 … 귀여운 구석이 없다
> ・「大人げない」 … 어른답지 않다, 점잖지 못하다
> ・「あぶなげ(が)ない」 … 위험스럽지 않다

～こそ ～야말로

'다른 것이 아니라 바로 그것이다' 라는 뜻으로 강조를 나타낸다.

あなたのことを<ruby>思<rt>おも</rt></ruby>ってこそのことです。　　　당신을 아껴서 한 일이에요.

この<ruby>製品<rt>せいひん</rt></ruby>こそ<ruby>今世紀<rt>こんせいき</rt></ruby><ruby>最大<rt>さいだい</rt></ruby>の<ruby>発明品<rt>はつめいひん</rt></ruby>となるに<ruby>違<rt>ちが</rt></ruby>いない。

이 제품이야말로 금세기 최대의 발명품이 될 것이다.

もう30を<ruby>過<rt>す</rt></ruby>ぎてしまった。<ruby>今年<rt>ことし</rt></ruby>こそ<ruby>結婚<rt>けっこん</rt></ruby>してやるぞ!!

벌써 서른을 넘어 버렸다. 올해야 말로 결혼하고 말겠다!!

【접속】명사(+격조사), これ・それ・あれ / 동사・イ형용사의 て형 + こそ

2 급수준 시험에잘나오는필수문형 115

148 ~ことか(わからない)　　　~했던지, 했는지(모르겠다)

얼마나 반복, 강조했는지 모른다는 뜻의 강조표현이다. 「何度(も), どれほど, いくら」와 같은 말이 앞에 오는 경우가 많다.

今まで何度たばこをやめようと思ったことか。

지금까지 몇 번이나 담배를 끊으려고 했는지 모른다.

どれほど口をすっぱくして言ったことかわからない。

얼마나 입에 침이 마르도록 말했는지 몰라.

- -

【접속】동사의 た형 + ことか

149 ~ことから　　　　　~로 인하여, ~때문에

앞의 상황변화로 인하여 뒤에도 어떤 상황이나 현상의 변화가 생길 때 쓴다.

子供が少なくなってきていることから、クラスの数も減りつつある。

아이들이 줄어들고 있기 때문에 학급 수도 줄어들고 있다.

その方法は原価負担が大きいことから、中止することになった。

그 방법은 원가부담이 커서 그만두게 되었다.

- -

【접속】동사·イ형용사의 보통형 + ことから

150 ~ことだ　　　　　~는 것이 중요하다, 상책이다

어떤 일을 달성하기 위해서가장 먼저 해야 할 일, 제일 중요한 조건을 말할 때 쓴다.

失敗をおそれずに、まず自分でやってみることだ。

실패를 두려워하지 말고 우선 스스로 해 보는 것이 중요하다.

背が高くなりたいのなら、好き嫌いをしないで何でも食べること
だ。키가 크고 싶다면, 편식을 하지 말고 골고루 먹어야 한다.

やせたいなら毎日の運動を休まないことだ。
살을 빼고 싶다면 매일 하는 운동을 쉬지 않는 것이 중요하다.

【접속】동사의 사전형 + ことだ

---

151 ～ことだから　　　～니까 당연히

여기서 こと는 '것'이란 뜻이 아니라 앞에 오는 대상 그 자체를 나타낸다.

あなたのことだから、きっと来てくれると思っていました。
당신이니까 꼭 와줄거라 생각했어요.

やさしい彼女のことだから、ケガをした犬を病院に連れていった
だろう。
착한 그녀니까 당연히 다친 개를 병원에 데려간 거겠지.

【접속】명사(사람) + の + ことだから

---

152 ～ことなく　　　～하지 않고, ～하는 일 없이

보통 좋지 않은 행동이나 습관없이 정상적인 행동을 하고 있을 때 쓴다.

山田さんは6年間休むことなく学校に通った。
야마다 씨는 6년동안 쉬지 않고 학교에 다녔다.

あれからは一度もお酒を飲むこともなく働いた。
그때 이후로는 한번도 술을 마시지도 않고 일했다.

【접속】동사의 사전형 + ことなく

153 **～ことに** ～하게도

앞에는 주로 감정을 나타내는 말(うれしい, かなしい, はずかしい 등)이 오는 경우가 많다.

幸いなことに、その事故で死者は出なかった。

다행히 그 사고로 인명피해는 없었다.

興味深いことに、70年代のファッションが再び流行しているそうだ。

흥미롭게도 70년대 패션이 다시 유행하고 있다고 한다.

【접속】 동사, イ형용사의 사전형 / ナ형용사(な) + ことに

154 **～ことになっている** ～하는 것으로 되어 있다

나의 결정이 아니라 단체의 규범이나 규칙, 약속 등을 나타낸다. 「ことに」를 「ことと」로 바꿀 수 있으나, 「ことと」는 공식적이고 격식을 차린 느낌이 든다.

ここには責任者以外入ってはいけないことになっている。

여기에는 책임자 이외에는 들어가선 안되는 것으로 되어 있다.

彼女との約束では、12時までに駅に行くことになっている。

그녀와의 약속은 열 두 시까지 역으로 가는 것으로 되어 있다.

【접속】 동사의 보통형 + ことになっている

155 **～ことはない** ～할 필요없다

불필요를 나타낸다. 금지표현은 아니지만 그렇게 할 필요는 없다는 뜻이다.

あなたは何も悪くはないのだから、謝ることはない。

당신은 아무 잘못 없으니까 사과할 필요 없어.

きのうも行ったから、今日はわざわざ行くことはありません。

어제도 갔으니까, 오늘은 일부러 갈 필요 없어요.

【접속】 동사의 사전형 + ことはない

---

156 〜際 ~할 때

「とき」로 바꿔 말할 수 있지만, 「とき」보다 딱딱한 표현이다. 「~(명사)に際して / ~際に / ~際は / ~際には」형으로도 많이 쓰인다. 관용표현 「この際」는 '이번 ~을 계기로' 라는 뜻이며, 결단을 내릴 때 쓰인다. 이때는 「この時」로 바꿀 수 없다.

館内を見学する際、写真撮影はご遠慮ください。

관내를 견학할 때는 사진촬영은 삼가해 주세요.

この際、一言申し上げます。 말나온 김에 한말씀 드리겠습니다.

日本に行った際、担当者にお会いしました。

일본에 갔을 때 담당자를 뵈었습니다.

【접속】 명사(の) / 동사의 사전형, た형 + 際

---

157 〜最中(に) (한창)~하는 중에

'어떤 일을 한창 하고 있는 그때' 라는 뜻. 진행중에 갑자기 어떤 일이 돌발적으로 일어났을 때 쓰인다. 「~最中」는 동작을 나타내는 동사나 '명사+の'와 같이 써야 한다.

授業をしている最中に、突然非常ベルが鳴り出した。

한창 수업을 하고 있는데 갑자기 비상벨이 울리기 시작했다.

お風呂に入っている最中、電話がかかってきた。

한창 목욕을 하고 있는데, 전화가 걸려왔다.

【접속】 명사(の) / 동사의 ている, ~ていた형 + 最中(に)

131

● 유사표현 「～ところに」

동작을 나타내는 동사나 감정·감각·심리를 나타내는 동사에도 접속할 수 있으며, 「～最中」와 달리 직전, 진행중, 직후 등 여러 시점에서 쓸 수 있다.

・ご飯を食べるところです。	밥을 먹으려는 참입니다.	- 직전
・ご飯を食べているところです。	밥을 먹고 있는 중입니다.	- 진행중
・ご飯を食べたところです。	밥을 막 먹었습니다.	- 직후

158　～さえ　　　　　　　　　　　～조차, ～만

통상적으로는 지극히 당연하게 여겨지는 것 '그것조차'의 뜻과 「～さえ～ば」로 형태로 '～만 하면(된다)'의 뜻으로 쓰인다.

日本に来たばかりの時は、あいさつさえできなかった。

일본에 온 지 얼마 안되었을 때는 인사조차 못 했었다.

電話番号さえ分かればいいので、住所は必要ありません。

전화번호만 말면 되니까 주소는 필요없습니다.

行きさえすればいいです。

가기면 하면 됩니다.

- -

【접속】① 명사 / 격조사(に, で, と, から, の) + さえ ② 동사의 ます형, て형 + さえ

159　～ざるを得ない　　　　　　　～할 수밖에 없다(～해야 한다)

압력이나 상황이 절박해서 어쩔 수 없이 그렇게 한다는 뉘앙스가 깔려 있다. 이외에도 '모든 사정을 생각하면, 찬성·반대는 있지만, ～라는 결론에 달하다는 완곡한 단정의 뜻으로도 쓰인다. 문어체 표현이며, 회화체는 「～ほかにない / ～しかない」.

母が急に入院したので、留学に行くのを延期せざるを得ない。

어머니가 갑자기 입원하시는 바람에 유학을 미룰 수밖에 없다.

彼は確かにりっぱな人だと思うが、この点に関してだけはどう見ても間違っていると言わざるを得ない。

그는 분명 훌륭한 사람이라고 생각하지만, 이 점에 관해서만은 아무리 봐도 틀렸다고 할 수밖에 없다.

- -

【접속】동사의 ない형 + ざるを得ない (「する」는 「~せざるを得ない」)

【주의】가능형이나 「ある」「わかる」「疲れる」「困る」등의 상태성 동사에는 접속하지 않는다.

> ●━ 유사표현 「~ほかにない / ~しかない」

「~ざるを得ない」는 문어체 표현이며, 「~ほかにない / ~しかない」는 회화체표현이다.

・この点に関してだけはどう見ても間違っていると言うほかにない。

・この点に関してだけはどう見ても間違っていると言うしかない。

　이 점에 관해서만은 아무리 봐도 틀렸다고 할 수밖에 없다.

160 ~しか~ない　　　　　　　　~밖에 ~없다

반드시 뒤에 부정이 온다. 「しか~ない」의 강조표현으로 「だけしか~ない」로도 쓴다. 「~しか~ない」는 '~뿐이며, ~이외에는 아무것도 없다'는 뜻이고, 상황에 따라서 부족・불만 등을 나타낸다.

- -

原稿の締め切りまで二日しか残っていない。

원고 마감까지 이틀밖에 안 남았다.

これができるのはあなたしかいません。

이 일을 할 수 있는 것은 당신밖에 없어요.

- -

【접속】명사 / こそ, それ, あれ + しか~ない

～しかない   ~할 수밖에 (도리가) 없다

「동사+しかない」는 '그렇게 할 뿐이다'라는 뜻이며, '다른 방법이 없어서 어쩔 수 없이'라는 뉘앙스로 쓰이는 경우가 많다.

終電に乗りおくれた。タクシーに乗って家に帰るしかないだろう。

막차를 놓쳤다. 택시를 타고 집에 갈 수밖에 없을 것이다.

ここまで来たらもう最後までやるしかない。

여기까지 왔으면 끝까지 하는 수밖에 없다.

みんなに宣言した以上、約束を守るしかない。

모든 사람한테 선언한 이상, 약속을 지킬 수밖에 없다.

【접속】 동사의 사전형 + しかない

～次第   ~하는 대로, ~하면 즉시

'~하면 즉시 어떤 조치나 행동을 하겠다'는 뜻. 어떤 조건이 반드시 성립되어야 하기 때문에 뒤에는 과거문이 올 수 없다.

中村は席をはずしておりますので、戻り次第ご連絡をさしあげます。

나카무라는 자리를 비우고 없으니까, 오는 대로 연락을 드리겠습니다.

ご希望の品が出荷され次第、ご連絡いたします。

원하시는 제품이 나오는 대로 연락을 드리겠습니다.

【접속】 동사의 ます형 + 次第
【주의】 「次第で」는 '~에 따라서는'이라는 뜻이다.

～次第だ / ～次第で(は)　　～에 달려 있다, ～에 따라서(는)

'～의 결정에 따라 상황이 여러가지로 변할 수 있다'는 뜻이다. 결과가「次第」바로 앞에 오는 명사에 달려 있음을 나타낸다.

あなた次第(しだい)で、あの人も気(き)が変(か)わるかもしれない。

너 하기에 따라 그 사람도 마음이 변할지도 몰라.

社長(しゃちょう)の決定(けってい)次第(しだい)で会社(かいしゃ)の運命(うんめい)が決(き)まるでしょう。

사장님의 결정하기에 따라 회사의 운명이 정해지겠지요.

部下(ぶか): 今回(こんかい)の企画(きかく)うまくいきますかね。

上司(じょうし): 担当(たんとう)チームの努力(どりょく)次第(しだい)だな。

부하: 이번 기획은 잘 될까요? / 상사: 담당팀의 노력하기에 달렸지.

【접속】명사 + 次第だ / 次第で(は)

【주의】「동사의 ます형 + 次第」형으로 '～하는 대로 바로'라는 뜻으로도 많이 쓴다. ・かばんが見(み)つかり次第、ご自宅(じたく)の方(ほう)にご連絡(れんらく)差(さ)しあげます。(가방을 찾는 대로, 자택으로 연락드리겠습니다.)

～上 / ～上は　　　～상

자주 쓰이는 표현으로는 仕事上(しごとじょう):업무상, 職業上(しょくぎょうじょう):직업상, 安全上(あんぜんじょう):안전상, 経験上(けいけんじょう):경험상, 都合上(つごうじょう):사정상, 立場上(たちばじょう):입장상 등이 있다.

本物(ほんもの)なのか偽物(にせもの)なのか、見(み)かけ上(じょう)は区別(くべつ)がつかない。

진품인지 가짜인지 보기에는 구별이 안된다.

書類(しょるい)上は何(なん)の問題(もんだい)もありません。

서류상으로는 아무 문제 없습니다.

【접속】명사 + 上 / ～上は

165 ～ずにはいられない　　～하지 않을 수 없다

「ず」= 부정의「ない」. 회화체에서는「～ないではいられない」를 쓴다. 동사「する」는「せずにはいられない」가 된다는 점에 주의.

娘は平気そうだったが、親としては心配せずにはいられなかった。

딸은 태연해 보였지만, 부모로서는 걱정하지 않을 수 없었다.

美しくて賢い彼女の魅力に、心を奪われずにはいられなかった。

아름답고 현명한 그녀의 매력에 마음을 빼앗기지 않을 수 없었다.

【접속】동사 ない형 + ずにはいられない

166 ～せいだ / ～せいで　　～탓이다 / ～탓에

나쁜 결과의 원인을 타인에게 돌리는 말이다.

熱があるせいで、何を食べても味がない。

열이 있어서 무엇을 먹어도 맛이 없다.

君のせいで、先生に呼び出されてしまった。

너 때문에 선생님께 불려갔어.

熱帯夜が続いているせいか、最近寝付きが悪い。

열대야가 계속된 탓인지, 요즘 잠이 잘 안 온다.

【접속】명사(の) / 동사, イ형용사의 보통형 / ナ형용사(な) + せいで

167 ～だけあって　　～한 만큼

노력이나 지위, 경험 만큼 거기에 부합하는 실력이나 능력, 결과 등이 있을 때 쓰는 표현. 기대했던 만큼, 혹은 그 이상의 결과가 얻어질 때 쓴다.

さすが<ruby>学生<rt>がくせい</rt></ruby><ruby>時代<rt>じだい</rt></ruby>にやっていただけあって、<ruby>今<rt>いま</rt></ruby>でも<ruby>野球<rt>やきゅう</rt></ruby>が<ruby>上手<rt>じょうず</rt></ruby>だ。

역시 학창시절에 했던 만큼 지금도 야구를 잘한다.

<ruby>留学<rt>りゅうがく</rt></ruby>していただけあって、<ruby>彼<rt>かれ</rt></ruby>の<ruby>英語<rt>えいご</rt></ruby>はすばらしい。

유학했던 만큼 그의 영어는 훌륭하다.

<ruby>毎日<rt>まいにち</rt></ruby><ruby>勉強<rt>べんきょう</rt></ruby>しているだけあって、<ruby>成績<rt>せいせき</rt></ruby>が<ruby>上<rt>あ</rt></ruby>がった。

매일 공부하고 있는 만큼 성적이 올랐다.

【접속】 명사 / 동사・イ형용사의 보통형 / ナ형용사의 な형 + だけあって

> **「～だけある」와 「～だけのことはある」**
>
> 「～だけある」 … ～(할)만하다
> 「～だけのことはある」 … ～만큼의 능력이 있다
>
> ・<ruby>彼女<rt>かのじょ</rt></ruby>の<ruby>発音<rt>はつおん</rt></ruby>はとてもきれいである。さすがに<ruby>元<rt>もと</rt></ruby>アナウンサーだっただけある。그녀의 발음은 아주 좋다. 역시 왕년에 아나운서를 했을 만하다.
>
> ・<ruby>彼女<rt>かのじょ</rt></ruby>の<ruby>発音<rt>はつおん</rt></ruby>はとてもきれいである。さすがに<ruby>元<rt>もと</rt></ruby>アナウンサーだっただけのことはある。그녀의 발음은 아주 좋다. 역시 왕년에 아나운서를 했던 만큼 능력이 있다.

168 ～だけに
~한 만큼 / ~답게

「～だけに」에는 두 가지 뜻이 있는데, 하나는 앞에 온 일 때문에 자연스럽게 뒤에 오는 일이 생긴다는 뜻으로 감탄, 찬사의 표현이고(=「～だけあって」), 나머지 하나는 「～なので, なおさら」(~이기 때문에 더더욱)와 같이 이유를 나타낸다.

あの<ruby>人<rt>ひと</rt></ruby>はお<ruby>花<rt>はな</rt></ruby>の<ruby>先生<rt>せんせい</rt></ruby>だけに、<ruby>言葉遣<rt>ことばづか</rt></ruby>いがとても<ruby>上品<rt>じょうひん</rt></ruby>である。

그 사람은 꽃꽂이 선생님답게 말투가 아주 고상하다.

<ruby>彼<rt>かれ</rt></ruby>は<ruby>料理<rt>りょうり</rt></ruby><ruby>一筋<rt>ひとすじ</rt></ruby>で<ruby>生<rt>い</rt></ruby>きて<ruby>来<rt>き</rt></ruby>ただけに、こだわりというものがある。

그는 요리만으로 살아왔을 만큼 그 나름대로의 고집이라는 게 있다.

【접속】 명사 / 동사, イ형용사의 보통형 / ナ형용사(な) + だけに

～たっけ / ～だっけ   ～지? ～니? / ～었지? ～었나?

정확하게 기억을 못하고 있는 것을 생각하거나 상대방에게 확인할 때 쓴다. 정중한 표현으로는 「～でしたっけ / ～ましたっけ」 등이 있다.

昨日の夕食、何を食べたっけ?   어제 저녁은 뭘 먹었지?

社長の誕生日いつだっけ?   사장님 생신 언제지?

【접속】 명사(격조사, 의문사), ナ형용사(だ, だった), 동사・イ형용사의 た형 + たっけ

たとえ～ても   설령 ～이라도

「たとえ～ても」는 아직 발생하지 않는 일을 가정해서 '만일 그런 일이 생겨도 / 그게 사실이라고 해도' 라는 역설조건을 나타낸다.

たとえ未成年者が犯罪を犯したとしても、やった事の責任はとらなくてはいけない。
설령 미성년자가 범죄를 저질렀다 하더라도, 자신이 저지른 일에 대한 책임은 져야 한다.

たとえ地球が滅亡しても、人類は生き残るだろう。
설령 지구가 멸망할지라도 인류는 살아남을 것이다.

【접속】 명사・ナ형용사 + でも / 동사・イ형용사의 て형 + ても

> ● 유사표현 「いくら～ても」, 「どんなに～ても」

「たとえ～ても」와 달리 이미 벌어진 일에 대해서도 쓸 수 있다.

- いくら仕事がきつくても、弱音だけははきたくない。
  아무리 일이 힘들더라도 나약한 소리는 하고 싶지 않다.
- どんなにいじめられても、絶対に負けない。
  아무리 괴롭힘을 당해도 절대로 지지 않을 거야.

171 　～たところ　　　　～했더니

보통 뒤에 과거가 오는데 이때는 「～たら」로 바꿀 수 있다.

問い合わせをしたところ、親切に答えてくれた。

문의를 했더니 친절하게 대답해 주었다.

電話帳で調べたところ、そういう名前の会社はなかった。

전화번호책에서 찾아봤는데 그런 이름의 회사는 없었다.

- -

【접속】 동사의 た형 + たところ

172 　～たとたん（に）　　　　～하자마자

뒤에는 예상치 못했던 일이 오기 때문에 '뜻밖' 이라는 뉘앙스를 나타낸다. 비슷한 표현으로 「～か～(ない)かのうちに、～やいなや、～が早(はや)いか」 등이 있다.

窓を開けたとたんに、小鳥が外へ逃げてしまった。

창문을 열자마자 새가 밖으로 도망갔다.

国から来た手紙を見たとたん、彼女は泣き出してしまった。

고향에서 온 편지를 보자마자 그녀는 울기 시작했다.

- -

【접속】 동사의 た형 + たとたん

173 　～たびに　　　　～할 때마다

'～할 때마다 언제나' 의 뜻.

田中さんは旅行に行くたびに、葉書を送ってくれる。

다나카 씨는 여행을 갈 때마다 (여행지에서) 엽서를 보내 준다.

家族の写真を見るたびに、力がわく。　가족사진을 볼 때마다 힘이 솟아난다.

- -

【접속】 명사(の) / 동사의 사전형 + たびに

174 〜だらけ 〜투성이

자주 쓰이는 것은 몇 가지밖에 없다. 비슷한 표현으로 「〜まみれ」가 있다.

しあい お せんしゅ かお どろ
試合を終えた選手の顔はみんな泥だらけだ。

시합을 마친 선수들의 얼굴은 다 흙투성이다.

ほん ほん ふる
本だなの本はみんなほこりだらけでとても古い。

책장의 책은 모두 먼지 투성이로 아주 낡았다.

【접속】명사 + だらけ

「〜だらけ」와 「まみれ」

「〜だらけ」는 '투성이, 더미'의 뜻으로 온 표면이 덮여 있는 느낌을 나타내고, 「まみれ」는 뭔가 걸쭉한 것에 범벅이 된 듯한 느낌을 나타낸다.

- ほこりだらけ 먼지투성이
- 血だらけ 피투성이
- しゃっきん 借金だらけ 빚투성이
- むじゅん 矛盾だらけ 모순투성이
- きず 傷だらけ 상처투성이
- どろまみれ 진흙투성이
- ち 血まみれ 피투성이(피범벅)

どろ(진흙)나 血(피)는 まみれ를 쓰기도 한다.

175 〜ついでに 〜하는 김에

어떤 행동을 할 때 '그 기회를 이용하여'의 뜻이다. 단독으로도 쓸 수 있다. ・コンビニに行くなら、ついでに缶(かん)コーヒーも一つお願いします。 (편의점에 갈 거면, 가는 김에 캔 커피도 하나 부탁해요.)

はは えき おとうと むか い か もの
母は駅まで弟を迎えに行くついでに買い物もしてきます。

어머니는 역까지 남동생을 마중 나간 김에 장도 봐 오십니다.

しごと かんこく い かんこう
仕事で韓国に行ったついでに観光もした。

업무차 한국에 간 김에 관광도 했다.

【접속】동사의 보통형 + ついでに

176 ～っこない   ～일 리가 없지

회화체. 어떤 일이 일어날 가능성을 단정적으로 강하게 부정하는 표현이며, 친한 친구끼리 쓴다. 유사표현 「～するわけがない」, 「～するはずがない」로 바꿀 수 있다.

素人の彼が、プロの彼に勝ちっこないでしょ。

아마추어인 그가 프로인 그를 이길 리가 없지.

この事は私しか知らないから、あなたが言わなければ、誰もわか

りっこない。

이 일은 나밖에 모르니까, 네가 말하지 않으면 아무도 알 수가 없어.

あなたは絶対できっこないわ。

너는 절대 못할 거야.

【접속】동사의 ます형 + っこない

177 ～つつ(も)   ～하면서

「つつ」는 「ながら」의 뜻으로 어떤 일을 하면서 다른 것도 한다는 뜻이고, 「つつも」는 역접의 「～ながら」, 「～のに」와 같이 서로 상반되는 내용을 연결한다. 「～ながら」와 비슷하지만, 「つつ」가 좀더 격식을 차린 말투이다.

記者はメモをとりつつ、話を聞く。

기자는 메모를 하면서 이야기를 듣는다.

もう起きなければと思いつつも、なかなか起きられない。

이젠 일어나야지 하면서도 좀처럼 일어날 수 없다.

【접속】동사의 ます형 + つつ

　～つつある　　　　　　　　~인 추세다

'~하는 경향이 있다, 현재 그런 추세다'라는 뜻이다. 동작이나 작용이 어떤 방향으로 가고 있다는 상태를 나타낸다. 「日々(날마다)、ますます(더욱 더)」 등의 상황변화를 나타내는 단어와 같이 쓰일 때가 많다. 문어체표현.

世界平和活動を行う国々が増えつつある。
세계평화운동을 하는 나라가 늘어나는 추세다.

子供を産まない夫婦が増えつつあります。
아이를 낳지 않는 부부가 늘고 있는 추세다.

【접속】동사의 ます형 + つつある

> ● 「つつある」와 「ている」
>
> 「~つつある」를 「~ている」로 바꿔 말할 수 있는 것도 많지만, 「~つつある」는 변화가 생겨서 그것이 완성될 방향으로 가고 있다는 변화의 과정을 나타내는데 비해, 「~ている」는 변화가 완성된 후의 계속되는 상태도 나타내는 부분이 다르다. 동작의 진행은 「~ている」를 쓰고, 「~つつある」는 보통 사회현상이나 추상적인 개념에 쓰는 경우가 많다.

　～っぽい　　　　　　~티가 나다, 자주~하다, ~같다, ~색을 띠다

「~っぽい」는 イ형용사를 만든다.

疲れがたまっているためか、最近の母は怒りっぽいような気がする。
피로가 쌓여 있어서 그런지 요즈음 어머니는 자주 화를 내시는 것 같다.

彼女の色っぽい目つきが、多くの男性を魅了する。
그녀의 요염한 눈빛이 많은 남성들을 매혹한다.

【접속】명사 / 동사의 ます형 / イ형용사・ナ형용사의 사전형 + っぽい

● 「〜っぽい」의 용법

① '〜색을 띠다, 그 색에 가깝다'라는 뜻.

- 白_{しろ}っぽい ··· 하얀색을 띠다
- 黒_{くろ}っぽい ··· 까만색을 띠다

② '〜하기 쉽다, 자주 〜이다'라는 뜻.

- 怒_{おこ}りっぽい ··· 화를 잘 내다
- 忘_{わす}れっぽい ··· 자주 잊어 버리다
- ひがみっぽい ··· 샘을 잘 내다
- あきっぽい ··· 질리기 쉽다

③ '〜같다'

- 男_{おとこ}っぽい ··· 남자 같다
- 子供_{こども}っぽい ··· 아이 같다
- 女_{おんな}っぽい ··· 여자 같다
- うそっぽい ··· 거짓말 같다

④ 그 외 자주 쓰이는 표현

- 熱_{ねつ}っぽい ··· 열이 조금 있다
- 湿_{しめ}っぽい ··· 축축하다
- 水_{みず}っぽい ··· 물이 많아서 싱겁다
- 色_{いろ}っぽい ··· 요염하다

참고로 「〜っぽい」는 약간 그런 티가 난다(경향이 많다)는 뜻이고, 「らしい」는 '〜답다'는 뜻으로 이상적이고 원래 그래야 하는 모습이라는 뜻이다.

---

180   ## 〜て以来
~한 이후로, ~하고 나서

'과거의 어떤 시점 이후에'(その時からずっと). 뒤에는 보통 부정적인 내용이 온다.

先月_{せんげつ}の初_{はじ}めに雨_{あめ}が降_ふって以来_{いらい}、全然雨_{ぜんぜんあめ}が降_ふらない。

지난 달 초에 비가 내린 이후로 전혀 비가 오지 않는다.

去年手術_{きょねんしゅじゅつ}をして以来_{いらい}、体_{からだ}の具合_{ぐあい}が悪_{わる}い。

작년에 수술을 한 후로, 몸이 안좋다.

【접속】 동사의 て형 + て以来

181 ～てからでないと　　　　～하지 않으면

'～한 후가 아니면 ～할 수 없다' 또는 '～하지 않으면 ～라는 사태가 된다'는 뜻. 어떤
일이 성립되려면 반드시 거쳐야 하는 조건을 나타낸다. =「～てからでなければ」

1時を過ぎてからでないと、会場には入れない。

한 시를 넘지 않으면 회장 안으로 들어갈 수 없다.

きちんと計画を立ててからでないと、失敗する可能性が高い。

제대로 계획을 세우지 않으면 실패할 가능성이 높다.

【접속】동사의 て형 + てからでないと

182 ～てしょうがない　　　　너무 ～하다, ～해 죽겠다

우리말의 '～해 죽겠다'에 가까운 말이다. 유사표현은「～てたまらない」「～てならない」.

勉強中、眠くてしょうがないときは、コーヒーを飲むといい。

공부하다가 너무 졸릴 때는 커피를 마시면 된다.

長年国に帰っていないので、両親に会いたくてしょうがない。

오랫동안 고향에 가지 않아 부모님을 너무 뵙고 싶다.

【접속】동사・イ형용사의 て형 / ナ형용사의 で형 + て(で)しょうがない

183 ～ということだ　　　　～라고 한다

전문을 나타낸다. 누군가에게 직접 들은 것을 다른 사람에게 전할 때 쓰는 표현. 전문의
「そうだ」로 바꿀 수 있다.

彼は自分が試合に出れば、優勝はまちがいないということだ。

그는 자기가 시합에 나가면 틀림없이 우승한다는 것이다.

銀行に強盗が入ったが、人質は全員無事だったということだ。

은행에 강도가 들어갔지만 인질은 모두 다 무사했다는 것이다.

【접속】 동사・イ형용사・ナ형용사의 보통형 / 명사 + ということだ

---

184 〜というと ~라고 하면

'~라고 하면' 언제나 항상 그렇게 된다는 뜻.「何(なに)かというと」는 '사사건건' '걸핏하면' 의 뜻.

彼は旅行というと必ず海外に行く。

그는 여행이라고 하면 꼭 해외로 간다.

父と兄は何かというと意見が対立する。

아버지와 오빠는 걸핏하면 항상 의견이 대립한다.

【접속】 명사 + というと

---

185 〜というより ~라기보다

'~라기보다' 의 뜻으로 먼저 제시한 것보다 뒤에 제시하는 쪽에 더 가깝다는 뜻.

山田さんは友達というよりお姉さんといった方がいい。

야마다 씨는 친구라고 하기보다는 언니라고 하는 게 낫다.

その色は赤というよりむらさきに近い色です。

그 색은 빨강이라기보다 보라에 가까운 색입니다.

【접속】 명사・ナ형용사의 사전형 / 동사・イ형용사의 보통형

186 ～と言っても　　　　　～라고 해도(해봤자)

현실적으로 그 실력이나 능력이 별로 평가할 만한 것이 아니라는 뉘앙스가 들어 있다.

料理ができると言っても、卵焼きぐらいです。

요리를 할 줄 안다고 해도 계란말이정도입니다.

彼がいくら野球がうまいと言っても、しょせんアマチュアです。

그가 아무리 야구를 잘한다고 해도, 어차피 아마츄어예요.

- -

【접속】 명사 · 동사 · イ형용사 · ナ형용사의 보통형

187 ～とおり(どおり)に　　　　～한 대로

예정이나 계획, 지시, 명령, 생각 등의 명사에 붙어서 '～대로'라는 뜻. 이 때는 항상 「～通 (どおり)」형태로 쓰고, 「言う」, 「思う」, 「見る」 등 동사에 붙을 때는 「～通(とお)り」로 읽는 다. ・思い(명사) ➝ 思いどおりに　・思う(동사) ➝ 思うとおりに

予想どおりに韓国が試合に勝ちました。　예상대로 한국이 시합에 이겼습니다.

見たとおりに言ってください。　　　　　본 대로 말해 주세요.

- -

【접속】 명사 / 동사의 사전형, た형 + とおり(どおり)

188 ～とか　　　　　　　　　～나

여러가지 중에서 비슷한 행동이나 예를 몇 개 나열할 때 쓴다.

休日は映画を見るとか買い物をするとかして過ごすことが多い。

휴일은 영화를 보거나 쇼핑을 하거나 하면서 지내는 일이 많다.

ピザとかチキンとかハンバーガーは体によくありません。

피자나 치킨이나 햄버거는 몸에 좋지 않습니다.

- -

【접속】 명사(だ) / 동사 · イ형용사 · ナ형용사의 보통형 + とか

～どころではない

～할 정신이 없다, ～할 때가 아니다

도저히 한가하게 있을 수 없는 상태, 즉 '그럴 상황이 아니다' 라는 뜻이다. 「～どころじゃ
ない」는 회화체.

先週(せんしゅう)は体調(たいちょう)が悪(わる)くて、試験勉強(しけんべんきょう)どころではなかった。

지난 주는 컨디션이 안 좋아서 시험공부할 정신이 없었다.

忙(いそが)しくて今(いま)は映画(えいが)どころじゃありませんよ。

바빠서 지금은 영화볼 정신이 없어요.

- -

【접속】 명사 / 동사, イ형용사의 종지형 / ナ형용사의 사전형, な형 + どころではない

●━ 「～どころか」

'～기는 커녕' '～는 고사하고' 라는 뜻이다.

・忙(いそが)しくて、ご飯(はん)を食(た)べるどころか水(みず)を飲(の)む暇(ひま)もなかった。

바빠서 밥을 먹기는 커녕 물 마실 시간조차 없었다.

〈자주 쓰이는 표현〉

「それどころではない」 : 그럴 상황이 아니다

「それどころか」 : 그러기는 커녕

～ところを

～하고 있을 때 (마침), ～하는 중에

① 어떤 일의 진행중에 벌어지는 상황을 나타낸다. 뒤에는 「見る / 見つける / 発見する」
등의 동사나 「呼び止める / 捕まえる / 助ける」 등 정지·포착·구조와 같은 뜻을 가진 동
사가 와서 앞에 일어나고 있는 일을 멈추거나 막는다는 뜻이다.

タバコを吸(す)っているところを先生(せんせい)に見(み)つかった。

담배를 피우고 있을 때 선생님한테 들켰다.

駅前(えきまえ)を歩(ある)いているところを警官(けいかん)に呼(よ)び止(と)められた。

역 앞을 걸어가고 있을 때. 경찰관이 (나를) 불러세웠다.

- -

【접속】 동사의 사전형, ている형 + ところを

② 상대방에게 무리한 부탁을 하거나 폐를 끼치게 되었을 때, 서두적으로 쓰이며, 뒤에는 의뢰나 사과·감사 표현이 이어진다.

お忙しいところをお出でいただき、ありがとうございます。

바쁘신 가운데 와 주셔서 감사합니다.

お休み中のところ、お電話してすみませんでした。

쉬시는 데 전화 드려서 죄송합니다.

【접속】명사(の) / 동사의 ます형 + 中(ちゅう)の / イ형용사의 사전형 + ところを

---

191 **～ところを見ると**　　　～걸 보니까, ～걸 보면

확실하지는 않지만 눈으로 보이는 상황으로 추측할 때 쓴다. 뒤에 「ようだ, だろう, にちがいない」와 같은 추측표현이 오는 경우가 많다.

にこにこしているところを見ると、いい事があったにちがいない。

싱글벙글하고 있는 걸 보니 좋은 일이 있었던 게 틀림없다.

辺りが急に静かになったところを見ると、騒ぎはおさまったよう

だ。 주위가 갑자기 조용해 진 것을 보니, 소동은 진정된 것 같다.

【접속】동사·イ형용사의 보통형 / ナ형용사(な) + ところを見ると

---

192 **～としたら**　　　～라고 한다면

뒤에는 화자의 희망, 의지, 판단 표현이 오고, 「仮(かり)に / もし」와 같이 쓸 때가 많다.

海外旅行に行けるとしたら、海がきれいな国に行きたい。

해외여행을 할 수 있다면, 바다가 아름다운 나라로 가고 싶다.

もし一つ夢がかなうとしたら、空を飛んでみたいです。

만약 꿈이 하나 이루어진다면, 하늘을 날아보고 싶어요.

【접속】명사·ナ형용사(だ) / 동사·イ형용사의 보통형 + としたら

> ● 유사표현 「～とすると」, 「～とすれば」

만약 복권에서 1등이 당첨되었다면 집을 살 것이다.

・もし宝くじで1等が当たったとしたら家を買おう。(의지)
　　　　　　　　　└, とすると(✕) / とすれば (△)

그가 해외로 전근하게 된다면 그녀도 그를 따라갈 것이다.

・彼が海外転勤になったとしたら彼女も彼について行くはずだ。(추측)
　　　　　　　　　└, とすると / とすれば (✕)

뒤에 의지, 희망, 명령, 금지가 올 때는 「～とすると, ～とすれば」를 쓰면 부자연스럽다. 「～とすれば」 뒤에는 「～だろう, ～はずだ」 등 화자의 추측성 판단이 올 때가 많다.

193　～としては　　　　　　～로서는

☐
☐
사람이나 조직을 나타내는 말에 붙어 '그 입장·관점에서 말하면 / 생각하면 '이라는 뜻. 정중한 표현은 「～としましては / いたしましては」.

彼としては、責任をとって辞職する以外に方法がなかったのでしょう。

그로서는 책임을 지고 사직하는 것 이외에는 방법이 없었을 것입니다.

私としては何も言い訳できません。

나로서는 아무것도 변명할 말이 없습니다.

【접속】명사 + としては

194　～としても　　　　　　～라고 해도

☐
☐
「～(る)としても」는 앞뒤 내용이 시간적으로 동시에 성립될 때 쓰고, 「～たとしても」는 앞 문장이 시간적으로 먼저 일어났을 때 쓴다. 「～たとしても」=「～としたって」

東京に家を買えるとしても、郊外にしか買えないだろう。

도쿄에 집을 살 수 있대봤자 변두리에밖에 못 살 거야.

149

それは事故だったとしても、真相は究明しなければなりません。

그것은 사고였다 하더라도, 진상은 구명해야 한다.

彼は無実だとしても、何の責任もないわけではない。

그는 죄가 없다 해도 아무런 책임이 없는 것은 아니다.

【접속】명사(だ) / 동사·イ형용사·ナ형용사의 보통형 + としても

195 ~と共に   ~와 함께, ~인 동시에

어느 한쪽의 변화와 동시에 다른 쪽도 변화한다는 뜻이다. 또, 사람이나 기관, 직책을 나타내는 명사 뒤에 오면 '~와 함께' '~인 동시에'라는 뜻으로 쓰인다.

物価の上昇と共に、地価も上昇した。

물가 상승과 함께 땅값도 상승했다.

国家の安定と共に平和を求める政策をとるべきだ。

국가의 안정과 함께 평화를 추구하는 정책을 펼쳐야 한다.

【접속】명사(である) / 동사, イ형용사의 사전형 / ナ형용사의 である형 + と共に

196 ~ないことには~ない   ~하지 않고는~(부정형)

'~하지 않으면 불가능하다' '~하기 전에는 모른다'처럼 걱정스러운 일의 해결방법을 앞에 조건으로 내세워 말할 때 쓴다. 「~なければ」 「~ないかぎり」로 바꿀 수 있지만, 「~ないことには」는 반드시 거쳐야 하는 조건임을 강조하는 표현이다.

この痛みの原因は精密検査を受けてみないことには分からない。

이 통증의 원인은 정밀검사를 받아보지 않고는 알 수가 없다.

本人からくわしく話を聞かないことには、何も分からない。

본인한테서 자세하게 이야기를 듣지 않는 이상, 아무것도 알 수가 없다.

【접속】명사, 동사, イ형용사, ナ형용사의 ない형 + ことには~ない

～ないことはない   ～하지 않는 것은 아니다

'전혀 ～아닌(하지 않은) 것은 아니지만, 그래도～' 라는 뜻으로 일부분은 인정하지만 대부분은 그렇지 않다는 뜻이다.

料理^{りょうり}はできないことはないが、自信^{じしん}がない。

요리는 할 줄 모르는 것은 아니지만, 자신이 없다.

あなたの気持^{きも}ちも分^わからないことはありませんが。

당신의 기분도 모르는 바는 아닙니다만.

- -

【접속】명사・동사・イ형용사・ナ형용사의 ない형 + ないことはない

> #### ● 유사표현「～ないこともない」
>
> 이중부정표현, '꼭 그런 것은 아니지만, 그럴 수도 있다' 는 뜻이다.
>
> ・あなたの考^{かんが}えを理解^{りかい}できないこともないが。
>   네 심정을 이해 못하는 것도 아니지만. (조금은 이해한다.)
>
> ・言^いえなくもない 말을 못하는 것도 아니다. (말할 수도 있다.)
>
> ・気^きがしなくもない 그런 느낌이 없는 것도 아니다. (조금 그런 느낌을 갖는다.)

～ながら(も)   ～면서(역접의 ながら)

뭔가를 인지하면서도 거기에 맞는 타당한 행동을 못할 때 쓰는 표현이다.「知る, 思う, 気づく」와 같은 동사과 같이 쓰는 경우가 많다.

事実^{じじつ}を知^しりながらも彼^{かれ}は何^{なん}の処置^{しょち}もとらなかった。

사실을 알면서도 그는 아무런 조치도 취하지 않았다.

すまないと思^{おも}いながらもあやまることができませんでした。

미안한 줄 알면서도 사과할 수가 없었습니다.

- -

【접속】동사의 ます형 + ながら

〜なんか　　　　　　　〜등, 〜따위, 〜같은 것

「なんか / なんて」는 「など」의 회화체표현으로 주로 회화체에서 쓴다. 흔히 여럿 중에서 주가 되는 것을 예를 들 때 쓴다. 상대나 대상을 경시, 경멸하는 감정을 나타내기도 하는데, 동사나 형용사에는 「〜なんか」는 쓸 수 없고 「など, なんて」를 써야 한다. 「명사 + など, なんか, なんて」「동사, 형용사 + など, なんて」로 기억하자.

お見舞いにはお花なんかはどうですか。　문병에는 꽃 같은 것이 어때요?

もう勉強なんかしたくない。　　　　　이제 공부따위 하기 싫어.

あなたなんてもう大嫌い。　　　　　너 따위 이제 정말 싫다.

- -

【접속】 명사 + など, なんか, なんて / 동사・イ형용사 ・ナ형용사 + など, なんて

〜ぬきで / ぬきにして　　〜빼고, 〜없이

동사 「抜く」(빼다)에서 온 말이다. 「〜抜きの(+명사) / 抜きでは〜ない / 抜きに(して)は〜ない」형태로도 쓰인다. 「ぬきで」는 '(그것을) 빼고' '생략하고'라는 뜻이고, 「なしで」는 '〜없이'의 뜻으로 '없는 상태' '결핍'을 뜻한다.

冗談ぬきでまじめに考えてください。　농담 말고 진지하게 생각해 주세요.

あいさつはぬきにしてさっそく本題に入りましょう。
인사는 생략하고 바로 본론으로 들어갑시다.

- -

【접속】 명사(+は, を) + ぬきで / ぬきにして

〜に決まっている　　　　〜임에 틀림없다

'반드시 그럴 것이다'는 화자의 확신을 담은 추측표현. 「〜に違いない」와 거의 비슷하게 쓰이는데, 「〜に決まっている」가 좀더 회화체다운 느낌이 든다.

あの選手なら優勝するに決まっているよ。　저 선수라면 꼭 우승할 거야.

今度の学級委員は私が選ばれるに決まっている。

이번의 반장은 반드시 내가 뽑힐 것이다.

【접속】 명사 / 동사・イ형용사・ナ형용사의 사전형 + に決まっている

202 　〜に過ぎない　　　　　　　　〜에 불과하다

그 내용이 별일이 아니다, 혹은 기간이나 양이 짧거나 적음을 나타낸다.

両親のためだと言っているが、それはたんなる口実に過ぎない。

부모님을 위해서라고 하지만, 그건 단지 구실에 불과하다.

料理の勉強を始めたと言っても、まだ3ケ月に過ぎない。

요리를 공부하기 시작했다고 해도 (시작한 지) 아직 석달에 불과하다.

このぐらいは氷山の一角に過ぎない。

이 정도는 빙산의 일각에 불과하다.

【접속】 명사 / 동사의 사전형 + こと, た형 + に過ぎない

203 　〜にほかならない　　　　바로 〜이다, 〜임에 틀림없다

어떤 일이 일어난 이유나 원인이 바로 그것이라고 단정적으로 말할 때 쓰인다.

病気の時まっ先に駆けつけて来るのは、彼の愛情の現れにほかな

らない。아플 때 제일 먼저 달려오는 것은 바로 그의 애정표현임에 틀림없다.

社会に出るという事は、人生経験を積むという事にほかならない。

사회에 나간다는 것은 인생경험을 쌓는다는 것이다.

【접속】 명사 + にほかならない (* 「ほか」를 「他 / 外」라고도 쓴다.)

204 〜ばかりか ～뿐인가

'〜뿐만 아니라 ~(도)'의 뜻으로 뒤에는 그보다 더한 내용이 온다. 「〜ばかりでなく」로 바꿔 말할 수 있다.

彼は英語ばかりか、フランス語、ドイツ語、そして中国語も話せるそうだ。

그는 영어뿐만 아니라 불어, 독일어, 그리고 중국어도 할 수 있다고 한다.

【접속】명사 / 동사・イ형용사의 사전형 / ナ형용사의 な형 + ばかりか

205 〜ばかりに ～한 나머지(이유)

앞에 원인이 와서 '그것이 원인이 되어' 라는 뜻이다. 그 결과로 나쁜 상태가 되었거나 나쁜 일이 일어났다 등 나쁜 결과가 이어진다.

私が口を出したばかりに、事が大きくなってしまった。

내가 참견을 한 나머지 일이 커져 버렸다.

うそをついたばかりに、ひどくしかられてしまった。

거짓말을 한 나머지 심하게 야단맞았다.

【접속】동사의 た형 / イ형용사의 사전형 / ナ형용사(な) + ばかりに

「〜たいばかりに」와 「〜たくないばかりに」

꼭 하고 싶어서, 또는 하고 싶지 않아서 그것을 위해서라면 어떤 일이든 한다는 뜻이다. イ형용사, ナ형용사가 올 때는 「あまりに 〜ばかりに」로 쓰는 경우가 많다.

・どうしても彼女と話がしたいばかりに、彼女の通学路で5時間も待っていた。

　어떻게 해서든 그녀와 이야기를 하고 싶어서 그녀의 통학길에서 다섯 시간이나 기다렸다.

・彼に会いたくないばかりに、わざと学校に行かなかった。

　그를 보고 싶지 않은 나머지 일부러 학교에 안 갔다.

・あまりにつらいばかりに、部隊から逃げ出してしまった。

　너무 힘든 나머지 부대로부터 도망가버렸다.

～はともかく

～는 그렇다 처도, ～에 관계없이

'여러 사정이 있다고 해도. 어쨌든. 그건 논의 대상에서 빼고. ～은 문제 삼지 않고' 라는
뜻. 앞에 오는 내용보다도 뒤에 오는 것에 무게를 둔 표현이다.

試合の結果はともかく、最後までよくがんばった。

시합 결과는 그렇다 처도 끝까지 참 잘 했다.

成功の肯否はともかく、今までの努力は評価されるべきです。

성공 여부에 관계없이 지금까지의 노력은 평가받아야 합니다.

【접속】 명사 + はともかく

● 유사표현「～はともあれ」,「～はさておき」

「～はともかく」「～はともあれ」는 앞뒤를 비교하는 느낌으로 쓰이지만,「～さておき」는
비교하는 느낌은 없다. 오히려 '앞의 문제는 제쳐두고'의 뜻.

・試合の結果はともあれ、最後までよくがんばった。
　시합결과는 그만두고, 마지막까지 잘했다.

・お金のことはさておき、命に関わる大事故にならなくて良かった。
　돈이 문제가 아니라 목숨에 관계되는 큰 사고가 나지 않아 다행이다.

～ば～ほど

～하면 ～(할)수록

'～하면 점점 더～' 의 뜻. 같은 단어를 반복해서 쓰고, 앞의 일의 진행에 따라서 그와 비례
해서 다른 일도 진행되는 것을 나타낸다.

考えれば考えるほど分からなくなる。

생각하면 할수록 더 모르겠다.

やさしくすればするほど誤解を招くものです。

상냥하게 하면 할수록 오해를 부르는 법입니다.

【접속】 동사, ｲ형용사의 가정형(～ば)/ 명사, ナ형용사의 なら, であれば형 + ば

208 　〜はもとより　　　　　　　〜은 물론이고

당연하고 상식적인 범위 안에서뿐만 아니라, 그것이상의 범위까지도 포함할 때 쓰는 표현이다. 뒤에는 「〜も, さえ」 등이 올 경우가 많다.

彼は晴れた日はもとより、雨の降る寒い日でも必ずジョギングをしている。

그는 맑은 날은 물론이고 비가 내리는 추운 날에도 꼭 조깅을 한다.

彼はスキーはもとより、スノーボードもできる。

그는 스키는 물론이고, 스노보드도 할 줄 안다.

【접속】명사 / 동사・イ형용사의 사전형 / ナ형용사(な) + (の)はもとより

> **유사표현 「〜は言うまでもなく」, 「〜はもちろん」**

그는 맑은 날은 물론이고 비가 내리는 추운 날에도 꼭 조깅을 한다.
- 彼は晴れた日は言うまでもなく、雨の降る寒い日でも必ずジョギングをしている。
- 彼は晴れた日はもちろん、雨の降る寒い日でも必ずジョギングをしている。

209 　〜反面　　　　　　　〜반면

서로 상반되는 두 가지의 성격을 갖고 있다는 것이다. 「反面で」로도 쓴다.

携帯電話は便利な反面、悪質な犯罪に使用されることが多い。

휴대폰은 편리한 반면에 악질범죄로 사용될 경우가 많다.

彼は厳しい反面、とても思いやりがある。

그는 엄격한 반면, 매우 배려심이 깊다.

【접속】명사・ナ형용사(である) / ナ형용사(な) / 동사・イ형용사의 사전형

210 ～ほか(は)ない ~할 수밖에 없다

'바람직하진 않은데, 어쩔 수 없이'라는 뜻이다. 회화체로는 「～しかない／「～ほかしかた(が)ない」가 자주 쓰인다. 비슷한 뜻으로 「～ほかすべがない」, 「～しか手がない」가 있다.

しゅうでん の おく ある かえ
終電に乗り遅れてしまったので、歩いて帰るほかはない。

막차를 놓쳤으니까 집에 걸어갈 수 밖에 없다.

あめ ふ きょう えんそく えんき
雨が降っているので、今日の遠足は延期するほかはない。

비가 오니까 오늘의 소풍은 연기할 수밖에 없다.

【접속】 동사의 사전형 ＋ ほかはない

211 ～ほど ~할 만큼, ~하리 만큼

'정도'를 나타낸다. 동작이나 상태가 어느 정도인지를 비유나 구체적인 예를 들어서 나타낸다. これほど, それほど, あれほど, どれほど도 많이 쓰는 표현.

げいのうじん か ほん う
芸能人が書いたその本は、おもしろいほどよく売れた。

연예인이 쓴 그 책은 재미있을 정도로 많이 팔렸다.

みせ ひと おお
その店にはふしぎなほど人が多かった。

그 가게에는 신기할 정도로 사람이 많았다.

【접속】 명사 / 동사・イ형용사의 사전형 / ナ형용사의 な형 ＋ ほど(だ)

212 ～ほど～ない ~만큼 ~지 않다

「AはBほど～ない」는 'A도 B도 ～지만, 그 범위 안에서 비교한다면'이라는 뜻이다.

ことし ふゆ さくねん ふゆ さむ
今年の冬は昨年の冬ほど寒くはなかった。

이번 겨울은 지난 겨울만큼 춥진 않았다.

157

健康を維持することは、口で言うほど簡単なことではない。

건강을 유지하는 것은 말로 할 정도로 쉬운 일이 아니다.

【접속】 명사 / 동사의 사전형 + ほど〜ない / ほど〜(명사)ではない

213 ~ほどの~ではない　　　~할 정도의 ~은 아니다

少し熱があるだけだから、病院に行くほどのことではない。

조금 열이 있을 뿐이니까 병원에 갈 정도는 아니다.

ささいなけんかだから、警察を呼ぶほどの事件ではない。

사소한 싸움이니까, 경찰을 부를 정도의 사건은 아니다.

【접속】 명사 / ナ형용사(な) / 동사・イ형용사의 사전형 + ほどの〜(명사)ではない

214 ~向け(に)　　　~를 위한

동사 「向(む)ける」에서 온 말. '〜을 특징・목적으로 해서, 그 방향으로 향하게 하다' 의 뜻으로 쓰인다. 단, 向(む)き는 '방향'을 뜻하는 말이다. 南向(みなみむき) (남향)

あのマンションは高齢者向けに設計されている。

저 맨션은 고령자를 위해서 지어졌다.

これは子供向けのゲームです。　이것은 어린이용 게임입니다.

【접속】 명사 + 向け

> ● 「~向き」
>
> 동사 「向(む)く」에서 온 말로, '〜향' 의 뜻으로 방향을 나타내거나 '딱 좋다, 마땅하다' '어떤 경향・성질・의지를 가지는 것, 또는 그 사람' 이라는 뜻을 나타낸다.
>
> ・ここは若者向きの店である。　여기는 젊은이들에게 딱 좋은 가게다.
>
> ・私の家は南向きに建っている。　우리 집은 남향으로 지어져 있다.

ものか   ~하지 않겠다

강한 부정의지를 나타낸다. 말할 때는 끝을 내려야 한다. 회화에서는 「もんか」로 발음하는데, 이것은 주로 남자들이 쓰는 말이고, 여성은 「ものですか / もんですか」를 쓴다.

あんなまずくてサービスが悪いレストランには2度と行くものか。

저렇게 맛없는데다가 서비스까지 안 좋은 레스토랑에는 두 번 다시 가지 않겠다.

二度とあいつと会うもんか。   두 번 다시 그놈과 만나나 봐라.

【접속】동사의 사전형 + ものか

ものがある   ~할 만한 것(부분)이 있다

어떤 주목할 만한 특징이나 요소가 있다는 뜻.

彼女の演技には、人の心を動かすものがある。

그녀의 연기에는 사람의 마음을 움직이는 뭔가가 있다.

彼の絵の才能には目を見はるべきものがある。

그의 그림에 관한 재능에는 주목할만한 것이 있다.

【접속】동사・イ형용사의 사전형 / ナ형용사의 な형 + ものがある

ものだ   ~인 법이다, ~이기 마련이다

일반적인 경향이나 '~하는 것이 당연하다, 타당하다'(~するべきだ)의 뜻으로 쓰이는 용법이다. 「本来」(본래)와 같은 부사와 호응이 맞다. 다른 사람을 훈계하거나 설득할 때도 쓴다.

安い物は壊れやすいというが、高い物にしたって同じようなものだ。

싼 것은 깨지기 쉽다고 하는데, 비싼 것이라고 해도 마찬가지다.

年をとると目が悪くなるものだ。

나이를 먹으면 눈이 나빠지는 법이다.

【접속】 동사 · イ형용사의 사전형 / ナ형용사의 な형 + ものだ

---

218 **ものだから** ~이기 때문에

「から」로 바꿀 수 있는데, 「から」보다는 완곡한 느낌을 준다. 예상치 못한 이유나 사정, 또는 변명을 하거나 상황설명을 할 때 쓴다. 정중한 표현은 「~ものですから」.

彼女が突然泣き出したものだから、みんな驚いてしまった。

그녀가 갑자기 울기 시작했기 때문에 모두 다 깜짝 놀랐다.

あまりにも痛かったものだから、大声を出してしまった。

너무나도 아팠기 때문에 소리를 질러 버렸다.

【접속】 명사(である) · ナ형용사(な) / 동사 · イ형용사의 사전형 + ものだから

---

219 **ものではない** ~하는 게 아니다

「ものではない」는 사람의 행동을 나타내는 동사에 쓸 때는 「~すべきではない」라는 뜻으로 충고를 나타낸다. 또, 기대와는 반대로 간단하거나 순탄치 않을 때도 쓴다.

小さい子を一人で遊びに行かせるものではない。

어린 아이를 혼자서 놀러 보내는 게 아니다.

この病気はすぐによくなるというものではないらしい。

이 병은 바로 낫는 것이 아니라고 한다.

【접속】 동사 · イ형용사의 종지형, ない형 / 동사의 た형 + ものではない

ものなら　　　　　　　　　　　　　~라면, ~할 수 있다면

실현 가능성이 적음에도 불구하고 그것을 바라는 간절한 마음을 나타낸다. 앞에 가능동사가
올 때가 많다. 또, 같은 동사를 반복하면, 실제로는 불가능하다는 것을 강조한다. ・取れる
ものなら取ってみろ。뺏을 수 있으면 뺏어 봐.(절대 못 할 걸)

学生時代に戻れるものなら戻ってみたい。

학창시절로 되돌아갈 수만 있다면 돌아가고 싶다.

国に帰れるものなら帰りたい。　　고향으로 갈 수 있다면 가고 싶다.

やれるものならやってみろ。　　할 테면 해봐.

【접속】상태동사의 사전형 + ものなら ~たい / てほしい / てみろ

ものの　　　　　　　　　　　　~이기는 하나, 하기는 했으나

어떤 행동을 하기는 했으나 사실은 그것과 다른 모습일 때 쓰는 표현이다. 동사는 보통 「~
たものの」(하긴 했으나) 형태로 쓰인다.

表面はきれいなものの、中はとてもきたなかった。

표면은 깨끗하긴 한데 안은 아주 지저분했다.

何でもないふりをしていたものの、かなり驚いた様子だった。

아무일도 아닌 척 하기는 했으나, 꽤 놀란 모습이었다.

【접속】명사(である) / 동사・イ형용사의 사전형 / ナ형용사(な, である) + ものの

~やら~やら　　　　　　　　　~나 ~등, ~하거나 ~하거나

여러가지 복잡하게 많은데 그 가운데서 대표적인 것을 2개정도 들어 말할 때 쓴다.

ポケットには小銭やらガムやらが入っている。

주머니에는 동전이나 껌이 들어 있다.

来週_{らいしゅう}から試験_{しけん}やらレポートやらで忙_{いそが}しくなるだろう。

다음주부터 시험이나 리포트 등으로 바빠질 것이다.

【접속】명사 / 동사・형용사의 사전형 / ナ형용사의 어간 + やら

223　～(よう)ではないか　　　～하자꾸나

회화체는 「～じゃないか」. 다같이 어떤 일을 하자고 호소할 때 쓰는 표현. 문어체적인 표현이므로 회화에서는 자주 쓰지 않지만, 연설문 같은 문서나 나이가 많은 남성이 쓰는 경우가 많다.

家_{いえ}にばかりいないで散歩_{さんぽ}にでも行_いこうでは(じゃ)ないか。

집에만 있지 말고 산책이라도 갔다오자.

卒業_{そつぎょう}を記念_{きねん}して、みんなで文集_{ぶんしゅう}を作_{つく}ろうでは(じゃ)ないか。

졸업을 기념해서 다 같이 산문집을 만들자.

【접속】동사의 의지형(p.69) + ～(よう)ではないか

224　～ように　　　～하게, ～하도록

'앞에는 見える, 聞こえる와 같은 지각을 나타내는 동사가 오는 경우가 많고, 가능동사를 수반해서 '～할 수 있도록'이라는 뜻으로도 쓰인다. ようになる형태로 가능의 변화를 나타내기도 하고, ように로 끝날 때는 명령이나 기대, 바람을 나타낸다.

後_{うし}ろの方_{ほう}にもよく聞_きこえるように、マイクを使_{つか}って話_{はな}します。

뒤쪽에도 잘 들리게 마이크를 써서 말합니다.

遠_{とお}くからでも見_みえるように、文字_{もじ}を大_{おお}きく書_かきます。

멀리서도 잘 보이도록 글자를 크게 씁니다.

これからは遅刻_{ちこく}しないように。　앞으로는 지각하지 않도록(하세요.)

【접속】동사의 사전형, ない형 + ように

わけがない

~ㄹ 리가 없다

그럴 이유, 가능성이 없다는 강한 주장을 나타내거나, 그렇게 믿고 싶지 않은 심리를 나타낸다. 회화체에서는 「~わけない」처럼 「が」가 생략될 때가 많다. 유사표현 「~はずがない」는 근거에 의한 강한 추측인데 비해, 「わけがない」는 그럴 이유나 개연성이 없다는 뜻이다.

こんないいチャンスを彼が逃がすわけがない。

이렇게 좋은 기회를 그가 놓칠 리가 없다.

あんなに正直な彼が人をだましたりするわけがない。

그렇게 솔직한 그가 사람을 속이거나 할 리가 없다.

明日のパーティーに彼女が行かないわけがない。

내일 파티에 그녀가 안 갈리가 없다.

【접속】 명사(である) / ナ형용사의 사전형 + な / 동사・イ형용사의 보통형 + わけがない

わけだ

~셈이다

わけ는 앞의 내용이나 사실, 상황 등에서 논리적으로 이끌어내는 타당한 결론을 말할 때, 뭔가에 대해 설명하거나 해설할 때 쓰인다. 보통 표기는 히라가나로 한다. 명사로 쓰일 때는 '이유' '연유'란 뜻이다. ・訳(わけ)がわからない。(연유를 모르겠다)

韓国と中国は1時間の時差があるから、韓国が午後2時なら、中国は午後1時であるわけだ。

한국과 중국은 한 시간 시차가 있으니까 한국이 오후 두 시라면 중국은 오후 한 시라는 셈이다.

札幌は東京より緯度が上なので雪が多いわけですね。

삿뽀로는 도쿄보다 위도가 높기 때문에 눈이 많은 거군요.

【접속】 명사(である) / ナ형용사의 사전형 + な / 동사・イ형용사의 보통형 + わけだ

227 わけではない　　　　　~인 것은 아니다

현재의 상황이나 직전의 발언으로부터 당연히 이끌어낼 수 있는 것을 부정할 때 쓴다. 「だからといって, 別に, 特に」 등과 같이 쓰일 때가 많다. 또한 「全部, みんな, 全然, まったく」 등과 같이 쓰면 부분부정이 된다. 회화체는 「~わけじゃない」이다.

<ruby>幼稚園<rt>ようちえん</rt></ruby>に<ruby>勤<rt>つと</rt></ruby>めているからといって<ruby>子供<rt>こども</rt></ruby>が<ruby>好<rt>す</rt></ruby>きなわけではない。

유치원에 근무한다고 해서 아이를 좋아하는 건 아니다.

<ruby>男<rt>おとこ</rt></ruby>だからといって、まったく<ruby>料理<rt>りょうり</rt></ruby>ができないわけではない。

남자라고 해서 전혀 요리를 할 줄 모른다는 건 아니다.

【접속】 명사(である) / ナ형용사의 사전형 + な / 동사 · イ형용사의 보통형 + わけではない

228 わけにはいかない　　　　　~할 수는 없다

'그렇게는 못한다' 는 뜻을 나타낸다. 단지 '못한다' 는 뜻이 아니라 '일반상식이나 사회적인 통념, 과거의 경험으로 미루어볼 때 그렇게 할 수 없다, 해서는 안된다' 는 뜻. 「동사의 부정형 + ないわけにはいかない」 = 「なければならない」와 같은 뜻으로, 그 동작을 하지 않는 것은 불가능하다, 즉 해야 한다는 의무를 나타낸다.

この<ruby>仕事<rt>しごと</rt></ruby>を<ruby>終<rt>お</rt></ruby>えるまでは<ruby>家<rt>いえ</rt></ruby>に<ruby>帰<rt>かえ</rt></ruby>るわけにはいかない。

이 일을 끝낼 때까지는 퇴근할 수가 없다.

<ruby>彼<rt>かれ</rt></ruby>にうそをついてまでやるわけにはいかない。

그에게 거짓말을 하면서까지 할 수는 없습니다.

<ruby>命令<rt>めいれい</rt></ruby>なので<ruby>従<rt>したが</rt></ruby>わないわけにはいかない。

명령이기 때문에 따르지 않을 수는 없다.

【접속】 동사의 사전형, ない형 + わけにはいかない

～わりに(は)

~치고는

'다른 것과 비교해서 그 조건이면'의 뜻. 뒤에 그것에 비하면 조건이나 상태가 좋거나 나쁠 때 쓴다. 참고로 「わりと」는 '비교적'이란 뜻으로 독립적으로 쓰는 말이다.

<ruby>父<rt>ちち</rt></ruby>は<ruby>毎日運動<rt>まいにちうんどう</rt></ruby>をしているので、80<ruby>歳<rt>さい</rt></ruby>のわりに<ruby>元気<rt>げんき</rt></ruby>だ。

아버지는 매일 운동을 하고 계셔서 여든 살 치고는 건강하시다.

<ruby>彼女<rt>かのじょ</rt></ruby>は<ruby>体<rt>からだ</rt></ruby>が<ruby>小<rt>ちい</rt></ruby>さいわりに<ruby>声<rt>こえ</rt></ruby>が<ruby>大<rt>おお</rt></ruby>きい。

그녀는 몸이 작은 데 비하면 목소리가 크다.

この<ruby>仕事<rt>しごと</rt></ruby>は<ruby>簡単<rt>かんたん</rt></ruby>で<ruby>楽<rt>らく</rt></ruby>なわりには<ruby>給料<rt>きゅうりょう</rt></ruby>がいい。

이 일은 간단하고 편한 것 치고는 급여가 좋다.

1<ruby>年間<rt>ねんかん</rt></ruby>アメリカに<ruby>留学<rt>りゅうがく</rt></ruby>したわりには<ruby>英語<rt>えいご</rt></ruby>が<ruby>下手<rt>へた</rt></ruby>だ。

1년동안 미국에 유학갔다온 것 치고는 영어를 잘 못한다.

【접속】 명사(の) / ナ형용사의 사전형 + な / 동사・イ형용사의 보통형 + わりに(は)

01 一度失敗をすると、また失敗をするのではないかと不安になり（ⓐそう　ⓑがち）だ。

한번 실패를 하면, 또 실패하는 것은 아닐까 하고 불안해지기 쉽상이다.

02 毎日子育てに追われている姉は、最近少し疲れ（ⓐぎみ　ⓑげ）である。

매일 육아에 쫓기는 언니는 최근 조금 피곤한 기색이다.

03 娘を嫁にやる父親の後ろ姿は、どこか寂びし（ⓐぎみ　ⓑげ）に見えるものだ。

딸을 시집보내는 아버지의 뒷모습은 어딘지 쓸쓸해 보이는 법이다.

04 アルファベットどころか最近は漢字（ⓐさえ　ⓑだけ）忘れることがある。

알파벳은 고사하고 요즘은 한자조차 잊어버리곤 한다.

05 本当は怖い（ⓐながら　ⓑくせに）、怖くないと言い張っている。

사실은 무서운 주제에, 무섭지 않다고 큰소리 치고 있다.

06 友達からのアドバイスの（ⓐおかげで　ⓑせいで）、自分に自信がもてるようになった。

친구의 충고 덕분에 자신감을 가질 수 있게 되었다.

07 熱帯夜が続いている（ⓐせいに　ⓑせいで）、夜暑くて眠れない。

열대야가 계속되는 바람에, 밤에 더워서 잠을 잘 수 없다.

08 血（ⓐだらけ　ⓑくさい）の人が駅の前で倒れていた。

피투성이가 된 사람이 역 앞에서 쓰러져 있다.

09 彼はもう二十歳だというのに、考えることが子供（ⓐくさい　ⓑっぽい）。

그는 이제 스무살이라고 하지만, 생각하는 것이 애 같다.

10 うわさによると、彼は借金（ⓐだらけ　ⓑっぽい）らしい。

소문에 의하면 그는 빚투성이라고 한다.

11 うれしさの（ⓐあまり　ⓑだけに）、彼は突然大声を出した。

너무 기쁜 나머지 그는 갑자기 큰소리로 외쳤다.

12 彼は飲酒運転をした（ⓐだけあって　ⓑあげく）、事故で死んだ。

그는 음주운전을 한 끝에, 사고로 죽었다.

13 国際交流がますますさかんになって、外国文化の情報が増える（ⓐ一方だ ⓑ方だ）。

국제교류가 점점 왕성해지면서 외국문화에 관한 정보가 늘어나는 추세다.

14 それぞれの意見を聞いた（ⓐ上で　ⓑ上に）、一番いいものを選びたいと思います。

각각의 의견을 들은 다음에 가장 좋은 것을 선택하려고 합니다.

15 ここのレストランは安い（ⓐ上で　ⓑ上に）サービスもよい。

여기 레스토랑은 값도 싼 데다가 서비스도 좋다.

16 この企画は、君だから（ⓐこそ　ⓑといって）安心して任せられるのだ。

이 기획은 자네니까 안심하고 맡길 수 있는 거야.

17 彼女の性格（ⓐからいって　ⓑといって）、これぐらいの事で簡単には引き下
がらないと思う。

그녀의 성격으로 봐서, 이 정도의 일로 쉽게 물러서지 않을 거라 생각한다.

18 専門家の私（ⓐからすると　ⓑからなると）、彼には人々を魅きつける何かが
ある。

전문가인 내가 봤을 때, 그에게는 사람들을 매료시키는 무언가가 있다.

19 苦しい（ⓐからこそ　ⓑからといって）途中で諦めたら後には、後悔しか残ら
ない。

힘들다고 해서 도중에 포기하면 나중에는, 후회밖에 안 남는다.

20 彼（ⓐさえ　ⓑこそ）私の理想のタイプです。

그 사람이야 말로 나의 이상형입니다.

21 顔から火が出る（ⓐぐらい　ⓑだけ）はずかしかった。

얼굴이 화끈거릴 정도로 창피했다.

22 東京からソウルまで飛行機で2時間（ⓐしか　ⓑだけ）かからないそうです。

도쿄에서 서울까지 비행기로 2시간밖에 걸리지 않는다고 합니다.

23 競技をしている（ⓐ最中に　ⓑ中）に、雨が降り始めた。

한창 경기를 하고 있는 중에, 비가 쏟아지기 시작했다.

24 お降りの（ⓐ最中に　ⓑ際）は、足元にお気をつけ下さい。

내리실 때는 발밑을 주의하세요.

25 こういった内容の映画は、教育（ⓐ上で　ⓑ上）子供達に悪影響を与える。

이런 내용의 영화는, 교육상 아이들에게 악영향을 준다.

26 結婚した相手(ⓐせい ⓑ次第)で、人生は大きく変わる。

결혼한 상대에 따라, 인생은 크게 바뀐다.

27 (ⓐたとえ ⓑあまり)顔がきれいだとしても、性格が悪ければ何の魅力もない。

설령 얼굴이 예쁘다 쳐도, 성격이 나쁘면 아무런 매력도 없다.

28 いろいろな国を訪れる(ⓐたびに ⓑとおりに)、世界の広さに驚かされる。

여러 국가를 방문할 때마다 넓은 세상에 놀란다.

29 イギリスに留学していた(ⓐせいで ⓑだけに)、彼女は英語がとてもうまい。

영국에 유학한 만큼, 그녀는 영어를 아주 잘한다.

30 中村さんは近くアメリカに留学するという(ⓐらしい ⓑことだ)。

나까무라 씨는 머지않아 미국에 유학을 간다고 한다.

31 彼がその知らせを受けたときの顔(ⓐからすると ⓑというと)、大変なこと
が起こったようだ。

그가 그 소식을 접했을 때의 얼굴을 봐서는 꼭 큰 일이 일어난 것 같았다.

32 アパートを買うと(ⓐというと ⓑ言っても)、20坪ぐらいの小さなアパートで
す。

아파트를 산다고 해도, 20평정도 되는 작은 아파트예요.

33 予定(ⓐどおり ⓑしだい)に出発しますので、遅れないように来てください。

예정대로 출발할 거니까 늦지 않도록 오세요.

34 この人を動物にたとえるなら、とら(ⓐと ⓑとか)ねこに近いです。

이 사람을 동물에 비유한다면 호랑이나 고양이에 가깝습니다.

35 日本のお土産としては、人形(ⓐさえ ⓑとか)せんすが人気があるようだ。
일본 여행선물로는 인형이나 부채가 인기가 있는 것 같다.

36 年末は、クリスマス(ⓐやら ⓑなど)お正月(ⓐやら ⓑなど)で町中がにぎ
やかだ。
연말에는 크리스마스다 설이다 해서 온 동네가 시끌벅적하다.

37 彼と結婚すると(ⓐいったら ⓑしたら)、子供は2人ほしいです。
그사람이랑 결혼한다면 아이는 둘 갖고 싶어요.

38 雨が降った(ⓐとしても ⓑにしても)、明日は予定どおり旅行に行くつもりだ。
비가 내린다 쳐도 내일은 예정대로 여행을 갈 작정이다.

39 会社(ⓐにして ⓑとして)はこれ以上何もできません。
회사로서는 이 이상 아무것도 할 수 없습니다.

40 あなた(ⓐなんか ⓑほど)大嫌いです。
당신 같은 사람 정말 싫어요.

41 船に乗る時は寒いので、セーター(ⓐなんか ⓑやら)が必要です。
배를 탈 때는 쌀쌀하니까 스웨터 같은 것이 필요합니다.

42 今日は男性(ⓐぬいて ⓑぬきで)、女性だけの飲み会をしましょう!!
오늘은 남자없이 여자들끼리 회식합시다!!

43 年をとればとる(ⓐほど ⓑぐらい)、物忘れがひどくなる。
나이를 먹으면 먹을 수록 건망증이 심해진다.

44 先日起きた事件(ⓐほど ⓑさえ)残虐な事件はないだろう。
그날 일어난 사건만큼 잔혹한 사건은 없을 것이다.

45 この製品は熱に強い（ⓐほど ⓑ反面）、水には弱い。

이 제품은 열에 강한 반면 물에는 약하다.

46 面接試験では、能力は（ⓐもとより ⓑともかく）服装までも判断の基準になる。

면접시험에서는, 능력은 기본이고 복장까지도 판단의 기준이 된다.

47 細かい点は（ⓐもとより ⓑともかく）全体的に見たら、成功だと言えるだろう。

세세한 점은 그렇다 쳐도 전체적으로 보면, 성공이라고 말할 수 있을 것이다.

48 彼は外国人だということを感じさせない（ⓐほど ⓑほどに）日本語が上手だ。

그는 외국인이라는 사실을 못 느끼게 할 정도로 일본어가 능숙하다.

49 この製品は外国（ⓐ向きに ⓑ向けに）製造されている。

이 제품은 해외용으로 제조되어 있다.

50 ほんの数行だから、書いて覚える（ⓐほどの ⓑどころの）量ではない。

정말 몇 줄 되지 않아, 써가며 외울 정도의 양은 아니다.

51 この肉は値段の（ⓐわりと ⓑわりには）おいしい。

이 고기는 가격에 비해 맛있다.

정답										
01 ⓑ	02 ⓐ	03 ⓑ	04 ⓐ	05 ⓑ	06 ⓐ	07 ⓑ	08 ⓐ	09 ⓑ	10 ⓐ	11 ⓐ
12 ⓑ	13 ⓐ	14 ⓐ	15 ⓑ	16 ⓐ	17 ⓐ	18 ⓐ	19 ⓑ	20 ⓑ	21 ⓐ	22 ⓐ
23 ⓐ	24 ⓑ	25 ⓑ	26 ⓑ	27 ⓐ	28 ⓐ	29 ⓑ	30 ⓐ	31 ⓐ	32 ⓑ	33 ⓐ
34 ⓑ	35 ⓑ	36 ⓐ, ⓐ 37 ⓑ	38 ⓐ	39 ⓑ	40 ⓐ	41 ⓐ	42 ⓑ	43 ⓐ	44 ⓐ
45 ⓑ	46 ⓐ	47 ⓑ	48 ⓐ	49 ⓑ	50 ⓐ	51 ⓑ

01 たばこをやめると決めた(ⓐ以上 ⓑ上で)、絶対それを守りたい。

담배를 끊겠다고 결정한 이상, 반드시 그것을 지키고 싶다.

02 この事件の犯人が彼女だなんて(ⓐありうない ⓑありえない)。

이 사건의 범인이 그녀라니 있을 수 없다.

03 若い(ⓐところ ⓑうちに)いろいろなことを経験した方がいい。

젊을 때 여러 가지 경험을 해보는 것이 좋다.

04 冷めない(ⓐうちに ⓑ前に)コーヒーをどうぞ。

식기 전에 커피 드세요.

05 子供が昼寝をしている(ⓐうちに ⓑ前に)洗い物を片付ける。

애가 낮잠을 자고 있을 때 설거지를 한다.

06 雪が降っている時の運転は事故を起こす(ⓐぎみ ⓑ恐れ)がある。

눈이 내리고 있을 때의 운전은 사고를 일으킬 우려가 있다.

07 彼女はいつも笑顔で私に話し(ⓐかけて ⓑつけて)くれた。

그녀는 늘 웃는 얼굴로 나에게 말을 걸어주었다.

08 部屋を掃除していたら、趣味で書いていた書き(ⓐかけの ⓑつけの)小説が
出てきた。

방을 청소하다 보니, 취미로 썼던 쓰다 만 소설이 발견됐다.

09 この企画の責任者にふさわしい人は、私の見る(ⓐだけに ⓑかぎり)彼だと思う。

이 기획의 책임자로 어울리는 사람은 내가 볼 때 그사람이라고 생각한다.

10 あなた自身がしっかりしない(ⓐからこそ　ⓑかぎり)、誰もあなたにはついてきませんよ。

본인스스로가 정신 바짝 차리지 않는 한, 아무도 당신을 따라오지 않을 거예요.

11 彼のような利己的な人は、この社会には受け入れ(ⓐがたい　ⓑかねない)。

그 같은 이기적인 사람은, 이 사회에는 받아들이기 어렵다.

12 やめようという強い決心がない(ⓐかぎり　ⓑから)、たばこは簡単にはやめられません。

그만두겠다는 강한 결심이 없는 한, 담배는 쉽게 끊을 수 없어요.

13 この靴はヒールが高いので歩き(ⓐにくい　ⓑがたい)。

이 신발은 굽이 높아서 걷기 불편하다.

14 弟は今勉強を始めたかと(ⓐ思いつつ　ⓑ思いきや)、もう居間でゲームをしている。

남동생은 지금 공부를 시작하는가 싶더니, 벌써 거실에서 게임을 하고 있다.

15 父は忘れっぽいほうなので、こんな所に携帯電話を置いておくと、また帰りに忘れ(ⓐかねる　ⓑかねない)。

아버지는 잘 잊어버리셔서, 이런 곳에 휴대전화를 놔두면, 또 갈 때 잊어버릴지도 모른다.

16 今回の不祥事につきましては、私の口からはご説明致し(ⓐかねます　ⓑかねません)。

이번 불상사에 대해서는 제 입으로는 뭐라 설명드리기 어렵습니다.

17 高校時代片思いをしていた彼女とは、卒業した時に会った(ⓐところ ⓑき
り)だ。

고등학교 때 짝사랑을 했던 그녀와는, 졸업했을 때 만난 게 마지막이다.

18 仕事で疲れて帰ってきた父は、ベッドに横になるかならないかの(ⓐうちに
ⓑまま)眠ってしまった。

업무로 지쳐 퇴근하신 아버지는 침대에 눕자 마자 잠이 들고 말았다.

19 辺り一面白銀の世界に包まれており、まるで別世界にいる(ⓐのよう ⓑか
のよう)だった。

주위전면이 은빛세상으로 둘러싸여 있어, 마치 별세계에 있는 것만 같았다.

20 残業する(ⓐかわりに ⓑように)土よう日は休みます。

잔업하는 대신 토요일은 쉬겠습니다.

21 彼は大勢の人の前で、彼女を一生幸せにすると言い(ⓐかけた ⓑきった)。

그는 많은 사람들 앞에서 그녀를 평생 행복하게 하겠노라고 단언했다.

22 そんなに彼のことが好きなら思い(ⓐきって ⓑかけず)告白してみたらどう?

그렇게 그 사람이 좋으면 눈 딱 감고 고백하지 그래?

23 事故で再起不能という診断を受けても、彼女はバレリーナとしての夢をあ
きらめ(ⓐきって ⓑきれないで)いる。

사고로 재기불능이라는 진단을 받고서도 그녀는 발레리나로서의 꿈을 포기하지 못하고 있다.

24 空が急に暗くなった(ⓐところ ⓑとたん)、雨が降り始めた。

하늘이 갑자기 컴컴해지자마자, 비가 내리기 시작했다.

25 この仕事を引き受けた(ⓐからには ⓑかわりに)最善を尽くします。

이 일을 맡게 된 이상 최선을 다하겠습니다.

26 高齢化が進んでいる（ⓐことから　ⓑものから）、老人福祉が問題になっている。

고령화가 진행됨에 따라 노인복지가 문제가 되고 있다.

27 私がどれほどあなたのことを愛していた（ⓐものか　ⓑことか）。

내가 얼마나 당신을 사랑했었는지.

28 山田さんの（ⓐこと　ⓑわけ）だから、どんなことがあっても必ず来ますよ。

야마다 씨니까 어떤 일이 있어도 반드시 올 거예요.

29 成績を上げたければまず基本問題からやる（ⓐことだ　ⓑものだ）。

성적을 올리고 싶으면 우선 기본문제부터 해야 한다.

30 あの先生の（ⓐわけ　ⓑこと）だから、きっと宿題が多いでしょう。

그 선생님이니까 분명 숙제가 많을 거예요.

31 誰にも助けを頼む（ⓐことなく　ⓑものなく）彼は一人でがんばった。

누구한테도 도움을 청하는 일 없이 그는 혼자서 열심히 했다.

32 うれしい（ⓐことに　ⓑかぎりに）息子が一流大学に合格した。

기쁘게도 아들이 일류대학에 합격했다.

33 直接彼に聞いてみない（ⓐことなく　ⓑことには）真実は誰にもわかりません。

직접 그사람한테 물어보지 않고서는 진실은 어느누구도 알 수 없습니다.

34 試験会場では携帯を持ち込めない（ⓐはずに　ⓑことに）なっている。

시험장에서는 휴대전화를 못 가지고 들어가게 되어 있습니다.

35 もう遅いから今から来る（ⓐことは　ⓑものは）ありません。

이미 늦었으니까 지금 올 것 없어요.

36 家の暮らし向きから考えると、私立大学に進学するのは諦め(ⓐざるをえない ⓑずにはすまない)。

가정형편을 생각하면 사립대학에 진학하는 것은 포기할 수밖에 없다.

37 ホラー映画を見れない(ⓐのは ⓑことは)ないが、見たらその夜眠れなくなる。

공포영화를 못보는 것은 아니지만, 보면 그날 밤 잠을 못 이루게 된다.

38 高すぎて買えないなら、借りる(ⓐしかない ⓑはずない)だろう。

너무 비싸서 못 산다면, 빌릴 수밖에 없겠지.

39 台風についての最新情報が入り(ⓐ次第 ⓑついでに)、中継でお知らせ致します。

태풍에 관한 최신정보가 들어오는 대로 중계로 알려드리겠습니다.

40 ストレスを解消するために、お酒を飲まずには(ⓐしようがない ⓑいられない)。

스트레스를 해소하기 위해 술을 마시지 않고는 못 견딘다.

41 地球の環境問題は深刻化し(ⓐきる ⓑつつある)。

지구의 환경문제는 심각해지고 있다.

42 彼には悪いことをしたと(ⓐ思いつつも ⓑ思いもせず)なかなか謝まれません。

그에게는 나쁜 짓을 했다고 생각하면서도 좀처럼 사과할 수가 없습니다.

43 郵便局に行く(ⓐしだいに ⓑついでに)本屋にも行くつもりです。

우체국에 가는 김에 서점에도 갈 작정입니다.

44 大学を卒業して(ⓐ以後 ⓑ以来)一度もいなかに帰っていない。

대학을 졸업한 후로 한번도 고향에 가지 않았다.

45 今の社会を見ると、息子の将来がどうなるか、不安で(ⓐしかない ⓑしか たがない)。

지금 사회를 보면 자식의 장래가 어떻게 될지, 불안하기 짝이 없다.

46 この仕事が終わって(ⓐからでないと ⓑからいって)、家には帰れない。

이 업무가 끝나지 않으면 퇴근할 수 없다.

47 こう天気が悪くてはピクニック(ⓐどころ ⓑこと)ではない。

이렇게 날씨가 나빠가지고는 소풍갈 상황이 아니다.

48 10年ぶりに母校に行ってみた(ⓐところ ⓑものの)、偶然にも昔の同級生に 会った。

10년만에 모교에 가봤는데, 우연하게도 옛날 반 친구들을 만났다.

49 さいふをなくして困っている(ⓐとき ⓑところ)を助けてもらいました。

지갑을 잃어버려서 난처했을 때 도움을 받았습니다.

50 あわてる(ⓐところ ⓑこと)を見ると、彼は何かを知っているにちがいない。

당황하는 모습을 보니, 그는 뭔가를 알고 있는 것이 틀림없다.

51 お酒を飲んでいる(ⓐもの ⓑところ)を見るともう大丈夫なようだ。

술을 마시고 있는 것을 보니 이제 괜찮은 것 같다.

52 それに気づき(ⓐながら ⓑ次第)私は何もできませんでした。

그점을 알아차렸으면서도 나는 아무것도 할 수 없었습니다.

53 実力派の彼ならこの企画をきっと成功に導いてくれるに(ⓐちがいない ⓑ すぎない)。

실력파인 그라면 이번 기획을 틀림없이 성공으로 이끌어 줄 것이다.

54 私がどんなに彼の事を思っていても、彼から見たらただの友達の一人に(ⓐ
ちがいない ⓑすぎない)。

내가 아무리 그를 좋아해도 그사람이 보면 그저 한 사람의 친구에 지나지 않는다.

55 A: 試験いつから(ⓐっこない ⓑだっけ)?

B: 来週の火曜日からだよ。

A: 시험 언제부터였지? B: 다음 주 화요일부터야.

56 これだけの量を今日中に済ませろなんて、絶対(ⓐできっこない ⓑできか
ねない)。

이렇게 많은 양을 오늘중으로 끝내라니, 절대 불가능하다.

57 よけいなことを言った(ⓐにもかかわらず ⓑばかりに)みんなの反感を買っ
てしまった。

쓸데없는 말을 하는 바람에 다른 사람들의 반감을 사 버렸다.

58 その番組が放送されると、国内(ⓐばかりで ⓑばかりか)海外からも多くの
寄付金が寄せられた。

그 프로그램이 방송되자, 국내뿐인가 해외에서도 거액의 기부금이 모였다.

59 その意見には反対だが、社長命令なら従う(ⓐほかではない ⓑほかはない)。

그 의견에는 반대지만, 사장님 명령이라면 따르는 수밖에 달리 방법이 없다.

60 彼についていろいろな記事が出ているが、それはみんなが関心を持ってい
るからに(ⓐほかならない ⓑほかはない)。

그에 대해 여러 기사가 나고 있지만, 그것은 바로 모두가 관심을 가지고 있기 때문이라고 할 수밖에 없다.

61 こんな寒い中、誰がピクニックに行く(ⓐわけ ⓑもの)か。

이런 추위에 누가 소풍을 가겠는가.

62 彼女の演技はまだまだ素人演技だが、何か光る(ⓐもの ⓑこと)がある。

그녀의 연기는 아직까지 아마츄어연기지만, 뭔가 빛나는 것이 있다.

63 欲しかった物がやっと手に入った(ⓐもの ⓑこと)だから、娘は大喜びだった。

갖고 싶었던 것을 겨우 손에 넣었기 때문에 딸은 아주 기뻐했다.

64 人間は一人では生きられない(ⓐことだ ⓑものだ)。

인간은 혼자서는 살 수 없는 존재다.

65 伝統芸能というものは、簡単に習得できる(ⓐものがある ⓑものではない)。

전통예능이라고 하는 것은 쉽게 습득할 수 있는 것이 아니다.

66 この劇場は後ろの方でもよく見える(ⓐように ⓑことに)設計されている。

이 극장은, 뒤에서도 잘 보이도록 설계되어 있다.

67 海外留学に行ったはずの彼女がここにいる(ⓐほかはない ⓑわけがない)。

해외유학을 갔을 그녀가 이곳에 있을 리가 없다.

68 はっきり言うが、やれる(ⓐものなら ⓑはずなら)やってみろ。

단언하지만, 할 수 있으면 해봐.

69 みんなの前では平気そうな顔はしていた(ⓐものなら　ⓑものの)、実際心の
中では泣いていた。

사람들 앞에서는 아무렇지 않은 듯한 얼굴을 하고 있었지만, 사실 마음 속으로는 울고 있었다.

70 彼はイギリスで暮らしていたので、英語は何不自由なく話せる(ⓐわけだ
ⓑものだ)。

그는 영국에서 살았기 때문에 영어는 당연히 아무 불편없이 말할 수 있는 것이다.

71 今回の会議は重要なので、欠席する(ⓐことには ⓑわけには)いかない。

이번 회의는 중요하기 때문에, 결석할 수 없다.

72 歌が上手いからといって、みんな歌手になれる(ⓐはずではない ⓑわけでは
ない)。

노래를 잘한다고 해서 모두 가수가 될 수 있는 것은 아니다.

73 みんな力を合わせて韓国を応援(ⓐしよう ⓑするもの)ではないか。

모두 다 힘을 합하여 한국을 응원하지 않겠나?

74 彼女はあき(ⓐっぽい ⓑがちの)性格のせいですぐ会社をやめてします。

그녀는 금방 실증을 내는 성격 때문에 금방 회사를 그만둬 버린다.

75 宝くじを買ってもあたる(ⓐわけだ ⓑわけがない)。

복권을 사도 당첨될 리가 없다.

76 自分の口で言った(ⓐ以上 ⓑ一方)約束は必ず守ります。

내 입으로 말한 이상 약속은 꼭 지키겠습니다.

77 郵便局に寄る(ⓐついでに ⓑながら)、切手も買って来ます。

우체국에 들르는 김에 우표도 사오겠습니다.

78 麻薬に手を出した(ⓐ以上 ⓑあげく)、彼は今刑務所に入っている。

마약에 손을 대고 결국 그는 지금 형무소 신세가 되었다.

79 手作りのおかしと(ⓐ言っても ⓑいうより)クッキーしか作れません。

손수 만든 과자라고 해도 쿠키정도밖에 못 만듭니다.

80 ピクルス(ⓐはともかく ⓑぬきの)ハンバーガーをお願いします。

피클을 뺀 햄버거를 부탁합니다.

┌───┐
│ |정답| │

01 ⓐ	02 ⓑ	03 ⓑ	04 ⓐ	05 ⓐ	06 ⓑ	07 ⓐ	08 ⓐ	09 ⓑ	10 ⓑ	11 ⓐ
12 ⓐ	13 ⓐ	14 ⓑ	15 ⓑ	16 ⓐ	17 ⓑ	18 ⓐ	19 ⓑ	20 ⓐ	21 ⓑ	22 ⓐ
23 ⓑ	24 ⓑ	25 ⓐ	26 ⓐ	27 ⓑ	28 ⓐ	29 ⓐ	30 ⓑ	31 ⓐ	32 ⓐ	33 ⓑ
34 ⓑ	35 ⓐ	36 ⓐ	37 ⓑ	38 ⓐ	39 ⓐ	40 ⓑ	41 ⓑ	42 ⓐ	43 ⓑ	44 ⓑ
45 ⓑ	46 ⓐ	47 ⓐ	48 ⓐ	49 ⓑ	50 ⓐ	51 ⓑ	52 ⓐ	53 ⓐ	54 ⓑ	55 ⓑ
56 ⓐ	57 ⓑ	58 ⓑ	59 ⓑ	60 ⓐ	61 ⓑ	62 ⓐ	63 ⓐ	64 ⓑ	65 ⓑ	66 ⓐ
67 ⓑ	68 ⓐ	69 ⓑ	70 ⓐ	71 ⓑ	72 ⓑ	73 ⓐ	74 ⓐ	75 ⓑ	76 ⓐ	77 ⓐ
78 ⓑ	79 ⓐ	80 ⓑ								

230　〜にあたって　　　　　〜에 즈음하여

'어떤 일의 마무리나 출발 등 중요한 행사나 시기에 즈음하여'라는 뜻이다. 약간 격식을 차린 자리에서 쓰는 표현이며 「〜にあたり(まして)」라고 하면 더 정중하게 들린다. 명사를 꾸밀 때는 「〜にあたっての(+명사)」형태로 쓰인다. 공식적인 자리에서는 「〜に際(さい)して」를 쓴다.

新年を迎えるにあたって、一年の計画を立てた。
새해를 맞이하여 일년의 계획을 세웠다.

卒業にあたって、学生 代表の答辞があります。
졸업에 즈음하여 학생대표의 답사가 있겠습니다.

【접속】명사 / 동사의 사전형 + にあたって

231　〜においては / 〜においても　　〜에 있어서는(로서는)

시대・장소・상황을 나타내는 말에 붙는다. 장소를 나타내는 「〜においては」는 「にて」로 바꿔 말할 수도 있는데, 「にて」는 격식을 갖춘 편지 등에 쓰인다. 「おける」형태로 명사를 꾸밀 수도 있다.

当時においては、海外留学など夢のようなことだった。
당시로서는 해외유학 같은 것은 꿈 같은 일이었다.

地震などの災害時においては、特に正確な情報が必要だ。
지진 등 재해시에 있어서 특히 정확한 정보가 필요하다.

最近は職場だけでなく家庭においても、パソコンが使われている。
최근에는 직장뿐만 아니라 가정에서도 컴퓨터가 사용되고 있다.

【접속】명사 + において(は / も)

～に応じて   ～에 따라서, ～에 맞추어서

'그 상황의 변화나 다양성에 맞게'라는 대응·적응의 뜻을 나타낸다.「～に応じ / ～に応じ
た(+명사)」형태로도 많이 쓰인다.

売行_{うれゆ}きに応_{おう}じて、生産量_{せいさんりょう}を加減_{かげん}する。

매출에 따라서 생산량을 조절한다.

自分_{じぶん}の学力_{がくりょく}に応_{おう}じて、学校_{がっこう}を選_{えら}びたいと思_{おも}います。

제 실력에 맞추어서 학교를 선택하고 싶습니다.

【접속】 명사 + に応じて

● 유사표현「～に応(こた)えて」

기대, 요청 등에 부응하여 화답·호응·보답하다는 뜻.

・学生達_{がくせいたち}の声_{こえ}に応_{こた}えて、図書館_{としょかん}を24時間開館_{じかんかいかん}することにした。

학생들의 희망에 부응하여 도서관은 24시간 오픈하기로 했다.

・選手達_{せんしゅたち}はコーチの熱_{あつ}い思_{おも}いに応_{こた}えて、次々_{つぎつぎ}と新記録_{しんきろく}を出_だした。

선수들은 코치의 뜨거운 마음에 부응하여 잇달아 신기록을 세웠다.

～に限らず   ～뿐만 아니라

유사표현에 주의.「～に限(かぎ)って / ～に限(かぎ)り」는 한정시키는 표현이다.

彼_{かれ}はサッカーに限_{かぎ}らずスポーツなら何_{なん}でも得意_{とくい}だ。

그는 축구 뿐만 아니라 스포츠라면 뭐든지 잘 한다.

英語_{えいご}に限_{かぎ}らずドイツ語_ごもできます。 영어뿐만 아니라 독일어도 할 수 있습니다.

【접속】 명사 + に限らず

【비교】・うちの子に限ってそんなことはありません。 우리 애만은 절대 그럴 리가 없어요.

・これは学生さんに限り割_わり引_びきができます。 이것은 학생에 한해 할인이 됩니다.

2급수준

に를중심표현39

～(から)～にかけて ~(부터) ~에 걸쳐서

장소나 시간을 나타내는 명사에 붙어서 '두 지점·시간 사이에'라는 뜻을 나타낸다. 「～か
ら ～にかけて」는 시점과 종점을 정하고 그 계속성을 강조하는 표현.

おとといから今日にかけてずっと雪が降り続いている。

그저께부터 오늘에 걸쳐서 계속 눈이 내리고 있다.

金曜日から週末にかけて旅行に行って来ました。

금요일부터 주말에 걸쳐 여행을 다녀왔습니다.

【접속】명사 + にかけて

● 유사표현 「～(から) ～にわたって」

「～から～にかけて」와 틀리기 쉬운 문형. 기간·횟수·장소의 범위 등을 나타내는
명사·수사에 붙어서 '그 범위내 모두 다'라는 의미를 나타낼 때는「～にかけて」
가 아니라「～にわたって」를 써야 한다.「～年間、～週間、～日間」등과 같이 쓰고,
그 기간에 행해지는 내용 등이 뒤에 오는 경우가 많다.

・1月から6月にかけて工事が行われる。

1월부터 6월에 걸쳐서 공사를 한다. → にわたって (×)

・1月から6ケ月(半年間)にわたって工事が行われる。(○)

1월부터 6개월(반년)에 걸쳐서 공사를 한다.→ にかけて (×)

～にかけては ~만큼은, ~에 관해서만은

'다른 분야에서는 모르지만, 그 분야에서만큼은'의 뜻으로 뒤에는 사람의 기술이나 능력 등
에 관한 평가가 오는 경우가 많다.

私は料理にかけてはだれにも負けない自信がある。

나는 요리에 관해서만은 누구한테도 지지 않을 자신이 있다.

他の才能はなくても、ピアノにかけては人よりも優れているとい

う自信がある。 다른 재능은 없더라도 피아노만큼은 남보다 뛰어나다는 자신이 있다.

【접속】명사 + にかけては

～にかわって　　　　　　　～을 대신하여

원래는 어떤 사람(사물)이 하는 것을 다른 사람(사물)이 대신 한다는 뜻.「～にかわり」로
하면 조금 격식을 차린 표현이 된다.

入院した先生にかわって、新しい先生が授業をしている。

입원한 선생님 대신에 새로운 선생님이 수업을 하고 계신다.

姉にかわって、私が甥っ子の授業参観に参加した。

언니 대신에 내가 조카 참관수업에 참가했다.

【접속】명사 + にかわって

～に関して　　　　　　　～에 관해서

'그것과 관계해서, 그것에 대해서'라는 뜻으로「～について」를 좀더 딱딱하게 말한 표현이
다. 격식을 차린 회화나 연설 등에서 주로 쓰인다.「～に関しても / ～に関しては / ～に関
する(+명사) / ～に関し」등의 형태로도 쓰인다.

使い方に関して質問がある方は手を上げて下さい。

사용법에 관해서 질문이 있으신 분은 손을 들어 주세요.

この件に関して何も申し上げることはありません。

이번 건에 관하여 아무것도 드릴 말씀이 없습니다.

欧米社会では、女性に対して年齢に関する質問をする事は失礼

なこととされている。

구미사회에서는 여성에게 나이에 관한 질문을 하는 것은 실례되는 일로 여겨지고 있다.

【접속】명사 + に関して

2급수준
にを중심표현39

185

～に比べ(て)　　　　　　　～에 비하면, ～에 비해서

'A에 비해 B가 더~'라는 뜻. 「Aに比べるとB」형태로도 많이 쓰인다.

例年に比べて今年の冬は比較的に暖かい方だった。

예년에 비해서 올 겨울은 비교적 따뜻한 편이었다.

芸能人というのは、一般人に比べて不況の影響をあまり受けない
ようである。

연예인이란, 일반인에 비해 불황의 영향을 덜 받는 것 같다.

世界の国々に比べると、日本の治安は安全な方だと言われている。

세계 여러 나라에 비하면, 일본의 치안은 안전한 편이라고 말해진다.

【접속】명사 + に比べ(て), に比べると

～に加え(て)　　　　　　　～에 추가해서, 더해서

'하나만 해도 충분한데, 거기에 더하여'의 뜻이다.

地震に加えて土砂崩れまで起きたため、被害が拡大した。

지진에 더해서 산사태까지 나는 바람에 피해가 확대됐다.

国内大会に加えて国際大会でも優勝し世界中から脚光を浴びた。

국내대회에 이어 국제대회에서도 우승하여 전세계로부터 각광을 받았다.

【접속】명사 + に加え(て)

> ### 유사표현「～のに(ことに)加え」
>
> 동사·イ형용사의 보통형+ の(こと)に加え / ナ형용사의 사전형 + な + の(こと)に加え
>
> ・あのリンゴは価格が安いのに加えて味もよいので大満足だ。
>
> 　그 사과는 가격도 싼데다 맛도 좋아서 대만족이다.
>
> ・彼女は美人なのに加えて頭までいいので、みんなのあこがれだ。
>
> 　그녀는 미인인데다가 머리까지 좋기 때문에 친구들에게 동경의 대상이다.

〜に先立ち   〜기에 앞서

명사를 수식할 경우, 「(명)に先立つ(명)」가 쓰이지만, 「(동)るに先立つ(명)」형태는 없으므로 주의해야 한다.

牛肉の輸入に先立ち、慎重な調査が行われている。

쇠고기 수입에 앞서 진중한 조사가 실시되고 있다.

ロケットの打ち上げに先立ち、入念な最終点検を行った。

로켓발사에 앞서 꼼꼼히 최종점검을 했다.

新製品販売に先立つ説明会を来週 行います。

신제품 판매에 앞서 설명회를 다음주에 개최합니다.

新しい店をオープンするに先立ちお得意様だけを招待した。

새 매장을 열기 전에 단골 고객만을 초대했다.

【접속】명사 / 동사의 사전형 + に先立ち

〜に従って   〜함에 따라

명사에 붙어서 어떤 변화의 양상에 따라서 그대로 변한다는 뜻. 뒤에는 앞에서 말한 동작이나 작용의 진행에 따라서 생길 변화가 이어진다. 「〜につれて、〜と共(とも)に、〜に伴って」와 거의 같은 표현이다. 「〜に従い / 〜に従う(명사)」형태로도 쓰인다.

医学が進歩するに従って、平均寿命が延びた。

의학이 발전함에 따라서 평균수명이 늘었다.

円の上昇に従って、株価は下がる。

엔이 상승함에 따라 주가는 내려간다.

裁判官は、法律に従い正しい判決を下さなければならない。

재판관은 법률에 따라 올바른 판결을 내리지 않으면 안된다.

【접속】명사 / 동사의 사전형 + に従って

～にしたら 　　　　　　　　～의 입장에서 보면, ～의 입장이라면

「～にしたら」(～의 입장에서 보면)는 '그 사람 입장에서 보면'이라는 뜻이다. 남의 입장에서서 그 사람의 생각 등을 추측한다는 의미를 나타낼 때 쓰인다. 비슷한 표현 은「～にしてみれば」,「～にとっては」.

彼_{かれ}にしたら今回_{こんかい}の記事_{きじ}がいい宣伝_{せんでん}になったとも言_いえる。

그에게는 이번 기사가 좋은 선전이 되었다고도 할 수 있다.

母_{はは}にプレゼントなんて、父_{ちち}にしたら勇気_{ゆうき}の要_いることだったでしょう。

어머니께 선물을 다 드리고, 아버지로서는 용기가 필요했을 거예요.

【접속】명사 + にしたら

～にしては 　　　　　　　　～치고는

「～にしては」 앞에 오는 사람이나 상황에서 생각해 볼 때 보통보다는 뛰어나거나, 정도가 넘었다는 뜻이다.「～にしたら」와 혼동하기 쉬우므로 주의.

この子_こは3歳_{さい}にしてはずいぶん大_{おお}きい。

이 아이는 세 살 치고는 꽤 (키가) 크다.

このレポートは彼_{かれ}にしてはよくできている。

이 레포트는 그가 한 것 치고는 잘 했다.

【접속】명사 + にしては

> ● 유사표현 「～(の)わりには」
>
> '～에 비해서는, ～치고는'. 긍정적인 평가, 부정적인 평가 둘 다 쓸 수 있다.
>
> ・あの店_{みせ}の料理_{りょうり}は、値段_{ねだん}のわりには量_{りょう}も多_{おお}く、味_{あじ}もなかなかである。
>
> 그 가게의 요리는 가격에 비해서는 양도 많고, 맛도 상당하다.
>
> ・彼_{かれ}は体_{からだ}が大_{おお}きいわりには気_きが小_ちいさい。
>
> 그는 몸집은 크지만, 그에 비해 소심하다.

244 **〜にせよ / 〜にしろ** ~라고 해도

내용이나 조건이 어떻든지 상관없다는 뜻이다.

たった三日の旅行にせよ、もしものために保険に入ろう。

겨우 3일 여행이라 하더라도 혹시 모르니까 보험에 들자.

どこに行くにしろ、携帯電話は持って行って下さい。

어디를 가든지 휴대전화는 가지고 가세요.

いずれにしろ、この件に関しては彼に任せてみましょう。

이쨌든 이 건에 관해서는 그에게 일임해 봅시다.

いずれにしろ、彼はマンションをいくつも持っているだろう。

모르긴 해도 그 사람 아파트가 몇 채는 될 거야.

【접속】명사・ナ형용사(である) / 동사・イ형용사의 사전형 + にせよ / にしろ

245 **〜に沿って** ~을 따라

강이나 길 등 그 모양을 그대로 따라 늘어선 모양을 나타낸다. 「〜に沿い / 〜に沿う / 〜に沿った」형으로 활용한다.

通りに沿って家具を売っている店が並んでいる。

도로를 따라서 가구점이 늘어서 있다.

海に沿って道が走っている。

바다를 따라서 도로가 나 있다.

【접속】명사 + に沿って

2급수준

にを중심표현 39

189

～に対して / ～に対する　　　～에 대하여, ～에 대한

「～に対して / ～に対しては / ～に対しても」와 같이 쓰인다. 대상을 향해 맞서거나 대항, 대비, 대조할 때 쓰는 표현. 「～について」「～に関して」와는 다르다.

先日の会議では彼の説明に対して、質問が集中した。

지난 회의에서는 그의 설명에 대해 질문이 집중했다.

この店では、特に顧客に対する言葉づかいに注意を払っている。

이 가게에서는 특히 손님에 대한 말투에 주의를 하고 있다.

【접속】 명사 + に対して / に対する(+명사)

> ● 「関して」「ついて」「対して」
>
> 「関して」 … 관하여, 대하여. 그 사안이나 내용에 관한 것
>
> 「ついて」 … = 関して 보다 약간 부드러운 느낌
>
> 「対して」 … 그 내용이 아니라 그 대상을 향해 대면하다, 맞서다의 뜻. 「に」에 가깝다.
>
> ・北朝鮮の核問題に関して質問する　　　북한의 핵문제에 관하여 질문하다.
>
> ・北朝鮮の核問題について話し合う　　　북한의 핵문제에 관하여 논의하다.
>
> ・北朝鮮の核問題に対して抗議する　　　북한의 핵문제에 대하여 항의하다.
>
> 명사수식형은 각각 **関する, ついての, 対する**이다.

～につき　　　　　～에 관해, ～이므로, ～기간+～에

「～について」보다 정중한 느낌이 드는 말이다. ①명사에 붙어서 '그에 관하여'라는 뜻으로 쓰인다. ②「～につき」형태로 '그 이유로'라는 뜻으로 쓰이는데, 조금 격식을 차린 표현이다. ③「수량사 + につき」는 '그 단위당'이란 뜻으로 기간이나 시간의 단위를 나타낸다.

その件につき、説明をさせていただきます。

그 건에 관해 설명드리겠습니다.

昼休みにつき、1時まで休みです。

점심 시간이라서 한 시까지 쉽니다.

<ruby>電気代<rt>でんきだい</rt></ruby>は1<ruby>ケ月<rt>かげつ</rt></ruby>につき、3,000<ruby>円<rt>えん</rt></ruby>かかります。

진기세는 한 달에 3,000엔 듭니다.

【접속】명사 + につき

248 　　**～につけ**　　　　　　　　　**~할 때마다**

관용표현으로 「それにつけても」(그러고 보니까, 그렇게 생각하니까)를 많이 쓴다. 뒤에는 '추억, 후회' 등 감정이나 사고방식에 관한 내용, 과거회상 등이 이어진다.

<ruby>今日<rt>きょう</rt></ruby>でもう<ruby>今年<rt>ことし</rt></ruby>も<ruby>終<rt>お</rt></ruby>わりだ。それにつけても<ruby>時<rt>とき</rt></ruby>の<ruby>流<rt>なが</rt></ruby>れのなんと<ruby>早<rt>はや</rt></ruby>いことか。(※ 접속사「それにつけても」자주 쓰이므로 외워 두자.)

오늘로 벌써 올해도 끝난다. 그러고 보니까 세월이 흐르는 것이 얼마나 빠른지.

<ruby>何<rt>なに</rt></ruby>かにつけ<ruby>母<rt>はは</rt></ruby>は<ruby>私<rt>わたし</rt></ruby>に<ruby>注意<rt>ちゅうい</rt></ruby>する。

사사건건 어머니는 나에게 주의를 주신다.

【접속】명사 / 동사의 사전형 + につけ(て / ても)

つけ가 들어간 관용표현

① 명사접속 : ・<ruby>何事<rt>なにごと</rt></ruby>につけ 매사에　　　・<ruby>何<rt>なに</rt></ruby>かにつけ 사사건건

② 동사접속 : ・<ruby>見<rt>み</rt></ruby>るにつけ 볼 때마다　　　・<ruby>考<rt>かんが</rt></ruby>えるにつけ 생각할 때마다

　　　　　　　　・<ruby>思<rt>おも</rt></ruby>うにつけ 생각할 때마다, 느낄 때마다

249 　　**～につけ～につけ**　　　　　　**~든 ~든**

서로 반대되는 뜻의 단어를 써서, '어떤 경우라도' 라는 뜻을 나타낸다.

いいにつけ<ruby>悪<rt>わる</rt></ruby>いにつけ、<ruby>結果<rt>けっか</rt></ruby>が<ruby>大切<rt>たいせつ</rt></ruby>だ。 좋든 나쁘든 결과가 중요하다.

<ruby>行<rt>い</rt></ruby>くにつけ<ruby>行<rt>い</rt></ruby>かないにつけ、ちゃんと<ruby>返事<rt>へんじ</rt></ruby>をした<ruby>方<rt>ほう</rt></ruby>がいい。

가든 안 가든 확실하게 답변을 하는 것이 좋습니다.

【접속】동사・イ형용사의 보통형 + につけ～につけ

250 ～につれて / ～につれ ～함에 따라

「つれる」는 '데리고 같이 가다' 라는 뜻. 어떤 상황의 진행과 동시에 다른 상황도 같이 변하는 것을 나타내는 표현이다.

時間が経つにつれて、パーティーはにぎやかになってきた、。

시간이 지나감에 따라 파티분위기는 무르익어갔다.

株価が高くなるにつれて、収益も上がる。

주가가 높아짐에 따라 수익도 오른다.

暗くなるにつれて、寒くなってきた。

어두워짐에 따라 추워졌다.

【접속】동사의 사전형 + につれて

251 ～にとって ～에게, 에게 있어서

거의 사람이나 조직을 나타내는 명사에 붙어서 '그 입장에서 보면' '～의 입장에서' 라는 뜻을 나타낸다. 정중한 표현은 「～にとりまして」, 회화체표현은 「～にとっちゃ」 「～にとっては」.

料理は私にとって一番の楽しみである。

요리는 나에게 있어 최고의 즐거움이다.

彼にとって犬は家族と同様の存在だ。

그에게 개는 가족이나 다름없는 존재다.

【접속】명사 + にとって

252 〜に伴って ~와 함께(동시에)

앞 뒤 문장에 변화를 나타내는 말이 와서, 앞의 변화와 함께 뒤의 변화도 일어난다는 뜻이다. 개인적인 일이 아니고 규모가 큰 변화를 말할 때 쓴다. 딱딱한 표현으로 「〜に伴い / 〜に伴う(+명사)」형태로도 쓰인다.

都心の人口増加に伴って、住宅問題も深刻化している。

도심의 인구증가와 함께 주택문제도 심각해지고 있다.

高齢化に伴って、医療施設に関する問題が生じ始めてきた。

고령화와 함께 의료시설에 관한 문제가 생기기 시작했다.

- -

【접속】 명사 / 동사의 사전형 + に伴って

253 〜に反して ~에 반하여

'예상이나 기대와는 달리'의 뜻. 예측을 나타내는 말에 이어 그 결과는 다르다는 것을 나타낸다. 딱딱한 표현으로 「〜に反し / 〜に反する(명사)」형태로도 쓰인다.

天気予報では午後から晴れると言っていたが、予報に反して雨が降り続いている。

일기예보에서는 오후부터 갠다더니 예보에 반하여 비가 계속 내리고 있다.

年頭の予想に反して今年の出産率は大幅にアップした。

연초 예상에 반하여 올해 출산률은 큰 폭으로 상승했다.

- -

【접속】 명사 + に反して

> ● 유사표현 「〜とは違って」,「〜とは反対に」
>
> · 天気予報では午後から晴れると言っていたが、予報とは違って雨が降り続いている。일기예보에서는 오후부터 갠다고 했는데, 예보와는 달리 비가 계속 오고 있다.(회화체)
>
> · 天気予報では午後から晴れると言っていたが、予報とは反対に雨が降り続いている。일기예보에서는 오후부터 갠다고 했는데, 예보와는 반대로 비가 계속 오고 있다.(회화체)

2 급수준

に를중심표현 39

193

254 ～に基づいて   ～을 바탕으로, ～에 기초를 두고

'～을 기본으로 해서, ～을 근거로 해서'라는 뜻. 「～に基づき / ～に基づく(+명사)」형태로
도 쓰인다. 문어체표현.

これまでの研究に基づいて論文をまとめた。

지금까지의 연구를 바탕으로 논문을 정리했다.

この映画は実際にあった話に基づいて作られたものである。

이 영화는 실제로 있었던 이야기를 바탕으로 만들어진 것이다.

【접속】 명사 + に基づいて

> ━● 유사표현 「～に即(そく)して」

'～에 근거하여'란 뜻으로 딱딱한 표현이다. 뉴스나 공식적인 멘트에 쓰인다.

・この映画は実際にあった話に即して作られたものである。

  이 영화는 실제로 있었던 이야기에 근거하여 제작된 것이다.

255 ～に(も)関わらず   ～에도 불구하고

「～に(も)関わらず / ～に(も)関わりなく」는 '～에도 불구하고, ～을 문제로 생각하지 않
고'라는 뜻이다. ・それにも関わらず (그럼에도 불구하고)

彼は夏休み中にも関わらず、毎日図書館で勉強している。

그는 여름방학기간에도 불구하고 매일 도서관에서 공부하고 있다.

毎日夜遅く練習したにも関わらず、試合で実力を発揮できなかっ
た。

매일 밤 늦게까지 연습했음에도 불구하고 시합에서 실력을 발휘하지 못했다.

【접속】 명사, 동사, イ형용사, ナ형용사의 보통형 + にも関わらず

～にもかまわず　　　　　～에도 불구하고, ～에 상관없이

'～에도 아랑곳하지 않고'. 좋지 않은 상황이나 조건도 개의치 않는다는 뜻이다. 「～に(も)
関わらず」와 거의 비슷한 표현.

彼は足をけがしたにもかまわず、試合に出場した。

그는 다리를 다쳤는데도 불구하고 시합에 나왔다.

冬の山は危険であるにもかまわず、彼は登ると言う。

겨울 산은 위험한데도 불구하고 그는 올라간다고 한다.

【접속】명사, 동사, イ형용사, ナ형용사의 보통형 + にもかまわず

～によって　　　　　～에 의해

①'～에 의해', '그것을 근거로 하여' 라는 뜻. 「～によると」(～에 의하면) 형태로 많이 쓰인
다. ②수단이나 방법을 나타낸다. 「それを手段として」「その方法を用いて」의 뜻. ③원인을
나타낸다. 뒤에는 결과를 나타내는 말이 이어진다. 딱딱한 표현으로는 「～により」를 쓰고,
뒤에 명사를 꾸밀 때는 「～による + 명사」형태로 쓰인다.

恒例によって、会議の後に夕食会を設けることにした。

정례에 따라 회의 후 회식을 하기로 했다.

友達からの情報によると、彼は父親の仕事の関係で来週転校す

るそうだ。

친구로부터 들은 정보에 의하면, 그는 아버지의 업무관계로 다음 주에 전학간다고 한다.

話し合いによって、解決するようにします。

대화로 해결하도록 하겠습니다.

コンピューターの発達によって、簡単に処理できるようになった。

컴퓨터의 발달에 의해 간단히 처리할 수 있게 되었다.

【접속】명사 + によって

~によって~(ら)れる　　~에 의하여 ~되다(수동형)

주로 역사적인 사실이나 객관적인 사실을 전할 때 쓴다.「~により~(ら)れる」형태도 있다.

いつの時代でも若者によって、新しい流行がつくりだされる。

어느 시대든 젊은이들에 의하여 새로운 유행이 만들어진다.

この伝説は村人達によって、太古から伝えられて来た。

이 전설은 마을사람들에 의하여 아주 옛날부터 전해내려왔다.

人間の欲望によって、自然がどんどん破壊されている。

인간의 욕심에 의해 자연이 점점 파괴되어 가고 있다.

【접속】 명사 + によって~(ら)れる

~によっては　　　　　~에 따라서는

'경우에 따라서'. 앞의 상황이 바뀌면 뒤의 상황도 바뀔 수도 있음을 나타낸다.「~次第(し だい)では」,「~いかんでは」로 바꿀 수 있다.

彼の言い方によっては、彼女を傷つけることもある。

그의 말투에 따라서는 그녀에게 상처를 줄 수도 있다.

選挙結果によっては、政権交代もありうる。

선거 결과에 따라서는 정권교체도 있을 수 있다.

【접속】 명사 + によっては

> **유사표현「~次第では」,「~いかんでは」**
>
> 「~次第では」는「~によっては」와 거의 비슷한 표현으로, '~에 따라서는'이라는 뜻이고,「いかんでは」는 딱딱한 표현으로 '어떤 일의 성사여부에 따라서는'이라는 뜻이 포함되어 있다.
>
> ・選挙結果次第では政権交代もありある。 선거결과에 따라서는 정권교체도 있을 수 있다.
> ・選挙結果いかんでは政権交代もありある。 선거결과여부에 따라서는 정권교체도 있을 수 있다.

～によると / ～によれば   ～에 의하면

뒤에는 「～そうだ, ～ということだ」 또는 「～だろう, ～らしい」 등이 온다. 정보의 정확한 출처를 나타낸다.

今朝のニュースによると、午後から雨が降るらしい。

오늘 아침 뉴스에 의하면 오후부터 비가 온다고 한다.

友達の話によると、今度の試験はとても難しいらしい。

친구 말에 의하면 이번 시험은 매우 어렵다고 한다.

先生の話によれば、木曜日は4時間目までしか授業がないとのことだ。

선생님 말씀에 의하면 목요일은 4교시까지밖에 수업이 없다고 한다.

【접속】명사 + によると / によれば

～にわたって   ～에 걸쳐서

어떤 기간에 걸쳐 이루어진 일을 말할 때 쓴다. 앞에는 기간을 나타내는 말이 온다. 「～にわたり / ～にわたる / ～にわたった」형태로도 쓰인다. 「～にかけて」와 혼동하기 쉬우므로 주의(p.184 참조).

人類は長い年月にわたって努力を重ね、ついに月への飛行に成功した。

인류는 오랜 기간에 걸쳐 노력을 거듭하여 드디어 달까지 비행하는 데 성공했다.

彼は3ケ月にわたって、その島の研究をした。

그는 3개월에 걸쳐 그 섬을 연구했다.

【접속】명사 + にわたって

2급수준

に를중심표현 39

262 **〜をきっかけに** 〜을 계기로

어떤 일이 시작되는 직접적인 원인이나 기회를 나타낸다.

彼は旅行で日本へ行ったのをきっかけに日本語を始めた。

그는 여행으로 일본에 간 것을 계기로 일본어를 시작했다.

中国出張をきっかけに中国語を習うことにした。

중국출장을 계기로 중국어를 배우기로 했다.

【접속】명사 + をきっかけに

　　　동사, イ형용사, ナ형용사의 보통형 + の(こと) + をきっかけに

> ● 유사표현 「〜を契機(けいき)に」「〜を契機(けいき)として」
>
> 　　그는 여행으로 일본에 간 것을 계기로 일본어를 시작했다.
> ・彼は旅行で日本へ行ったのをきっかけに日本語を始めた。
> ・彼は旅行で日本へ行ったのを契機に日本語を始めた。

263 **〜を込めて** 〜을 담아서

'사랑이나 마음을 담아서' 라는 뜻. 「〜を込め / 〜を込めた(명사) / 〜の込もった(명사)」형태로도 많이 쓰인다.

愛情を込めて編んだセーターを彼にプレゼントした。

사랑을 담아서 짠 스웨터를 그에게 선물했다.

感謝の心を込めて書いた手紙。 감사의 마음을 담아 쓴 편지.

彼女はその詩を思いを込めて読んだ。

그녀는 그 시를 마음을 담아 읽었다.

【접속】명사 + を込めて

【참고】「비용을 나타내는 말 + 〜を込めて」는 '〜을 포함해서' 라는 뜻이다.

　　・管理費、光熱費を込めて一ケ月8万円のマンション。(관리비, 광열비 포함해서 한 달 8
만엔 하는 맨션)

264 〜を通して　　　　　〜을 통해서

'〜을 매개로 하여, 〜을 중간에 거쳐'의 뜻이다. 「〜を通しての(+명사)」형태로도 많이 쓴다.

がっこう とお にゅうがくしけん あんない
学校を通して入学試験の案内をもらった。

학교를 통해서 입학시험 안내서를 받았다.

わたしたち ゆうじん とお し あ きょう あい はぐく き
私達は友人を通して知り合い、今日まで愛を育んで来ました。

우리는 친구를 통해서 알게 되어, 오늘까지 사랑을 키워 왔습니다.

じょうほうさんぎょう はったつ げんだい とお せかい
情報 産業の発達により、現代はインターネットを通し、世界の
で きごと ば
出来事をその場で知ることができる。

정보산업의 발달로 현대는 인터넷을 통하여 세계에서 일어나는 일을 그 자리에서 알 수 있다.

【접속】명사 + を通して

> ● 「通(とお)して」와 「通(つう)じて」
>
> 「通(つう)じて」는 동사「通(つう)ずる, 通(つう)じる」에서 온 말로, '한 쪽에서 다른 한 쪽으로 다다르다'는 뜻이 강하고, 「通(とお)して」는 동사 「通(とお)す」에서 온 말로 '통과하다, 경유하다'라는 뜻이 깔려 있다. 「通(つう)じて」와 「通(とお)して」는 의미상 큰 차이는 없기 때문에 서로 바꿔 말할 수 있는 경우가 많다.

265 〜を〜とする(としている)　〜을 〜로 정하고 있다

어떤 일의 시한이나 한계, 조건을 나타내는데, 보통 규칙이나 규정 같은 내용에 쓰인다.

わたし いえ ごご じ もんげん
私の家では午後9時を門限としている。

우리 집에서는 오후 아홉 시를 통금시간으로 하고 있다.

きまつ ぜんきょうか てん いじょう ごうかく
期末テストでは、全教科60点以上を合格としている。

기말시험에서는 전과목 60점이상을 합격으로 하고 있다.

【접속】명사A + を + 명사B + とする(としている)

199

〜を問わず ～을 불문하고

연령, 직업, 경험, 유무, 남녀 등의 명사에 붙는 경우가 많다. =「〜に関わらず」・老若男女
を問わず(남녀노소를 불문하고)・昼夜を問わず(주야를 불문하고)・四季を問わず(계절을
불문하고)・経験の有無を問わず(경험의 유무를 불문하고)

この映画は、年齢を問わず誰でも見れる。

이 영화는 나이에 상관없이 누구나 볼 수 있다.

経験の有無を問わず初心者でも応募できる。

경험의 유무를 묻지 않고 초보자라도 응모할 수 있다.

社員募集!! 年齢・経験問わずやる気のある方。

사원모집‼ 연령, 경험 무관, 의욕 있는 분.

- -

【접속】 명사 + を問わず

〜をはじめ ～을 비롯해서

뒤의 명사를 꾸밀 때는「〜をはじめとする + 명사」형태로 쓴다.

難しい試験に合格したので、両親をはじめ、友達も喜んでくれた。

어려운 시험에 합격해서 부모님을 비롯하여 친구들도 기뻐해 주었다.

このデザイナーはソウルをはじめ、ニューヨーク、パリなどでも
人気がある。

이 디자이너는 서울을 비롯하여 뉴욕, 파리 등에서도 인기가 있다.

中国には漢民族をはじめとする多くの民族が存在する。

중국에는 한민족을 비롯한 많은 민족이 존재한다.

- -

【접속】 명사 + をはじめ

268 ～をめぐって

～을 둘러싸고

「～をめぐって」는 어떤 것을 중심으로 주변에서 일어나는 일을 설명. 「～に関して」는 관계
되는 사항을 「～をめぐって」는 그것을 둘러싼 주변의 일이나 거기서 일어나는 여러 사항을
설명할 때 쓴다. 주로 뉴스나 기사 등 매스컴에서 문제거리나 논쟁의 소지가 있는 것에 쓴
다. 「～をめぐり / ～をめぐる(명사) / ～をめぐっての(명사)」형태로도 쓰인다.

公害問題をめぐって、激しい論議がかわされている。

공해문제를 둘러싸고 치열하게 논의되고 있다.

政治献金をめぐって、さまざまな疑惑が起っている。

정치헌금을 둘러싸고 갖가지 의혹이 일어나고 있다.

【접속】 명사 + をめぐって

2급수준
にを중심표현
39

201

01 入社するに（ⓐにかけて　ⓑあたり）会社からの激励の言葉がありました。

입사에 즈음하여 회사로부터 격려의 말이 있었습니다.

02 国内だけでなく海外に（ⓐおいても　ⓑとっても）人気があります。

국내뿐만 아니라 해외에서도 인기가 있습니다.

03 今月2日から9日に（ⓐかけて　ⓑかかって）、夏祭りが行われる予定だ。

이번달 2일부터 9일에 걸쳐 여름축제가 있을 예정이다.

04 ヨーロッパからアメリカ大陸までの10ヶ国に（ⓐあたり　ⓑわたって）、世界平和運動が繰り広げられた。

유럽에서 미대륙까지 10개국에 걸쳐, 세계평화운동이 펼쳐졌다.

05 女性の社会進出が増えるに（ⓐつれて　ⓑよって）、晩婚化や少子化の傾向が強くなってきた。

여성의 사회진출이 늘어남에 따라 만혼화나 소자화 경향이 강해졌다.

06 絵に対する情熱に（ⓐついては　ⓑかけては）彼が一番です。

그림에 대한 열정에 있어서만큼은 그 사람이 최고예요.

07 時代の流れに（ⓐついては　ⓑしたがって）、人々の考えも少しずつ変化する。

시대의 흐름에 따라 사람들의 생각도 조금씩 바뀐다.

08 先生の期待に（ⓐしたがって　ⓑ応じて）がんばります。

선생님의 기대에 부응하여 열심히 하겠습니다.

09 野球大会の当日は、激しい雨が降っていたにも（ⓐかかわらず　ⓑかぎらず）

大会は行なわれた。

야구대회 당일은 억수 같은 비가 내리고 있었음에도 불구하고 대회는 거행되었다.

10 これは子供だけに（ⓐ関して　ⓑかぎらず）大人も楽しめるゲームです。

이것은 아이들뿐만 아니라 어른도 즐길 수 있는 게임입니다.

11 彼女の肌は私の肌に（ⓐして　ⓑくらべて）、白くて透明感がある。

그녀의 피부는 내 피부에 비해, 희고 투명감이 있다.

12 他界した父に（ⓐかわって　ⓑしたがい）、兄が私たち家族を養っている。

돌아가신 아버지를 대신하여 형이 우리 가족을 부양하고 있다.

13 子供の教育に（ⓐ関して　ⓑめぐって）、いろいろな意見が出た。

자녀 교육에 관하여 여러 의견이 나왔다.

14 このみかんは価格が安いのに（ⓐ対して　ⓑ加えて）味もよいのでたくさん売れている。

이 귤은 값도 싼데다가 맛도 좋아서 많이 팔리고 있다.

15 科学の発達に（ⓐそって　ⓑしたがって）生活環境も変わる。

과학의 발달에 따라 생활환경도 바뀐다.

16 川に（ⓐそって　ⓑしたがって）菜の花がさいている。

시냇물을 따라 유채꽃이 피어 있다.

17 それが親に（ⓐついて　ⓑ対して）言う言葉なのか。

그게 부모한테 할 말이냐.

18 当社の新製品に(ⓐ関する ⓑ対する)説明会を行います。
당사의 신제품에 관한 설명회를 개최하겠습니다.

19 これは政府に(ⓐあたって ⓑとって)重要な問題です。
이건 정부로서도 중요한 문제입니다.

20 大きくなるに(ⓐつれて ⓑ次第に)彼女はとても美しくなった。
그녀는 자라면서 매우 아름다워졌다.

21 大学院進学という親の要望に(ⓐ応じて ⓑ反して)、私は海外留学の道を
選んだ。
대학원진학이라는 부모에 요망에 반하여, 나는 해외유학의 길을 선택했다.

22 地域の発展に(ⓐしたがって ⓑかかわらず)スーパーや銀行もでき、便利に
なってきた。
지역이 발전됨에 따라 수퍼마켓이나 은행도 생겨 편리해졌다.

23 計画表に(ⓐもとづいて ⓑあたって)、火災訓練が行なわれた。
계획표에 따라 화재훈련이 실시되었다.

24 赤信号である(ⓐに反して ⓑにもかまわず)、彼女は道路を横断した。
빨간 신호인데도 아랑곳하지 않고, 그녀는 도로를 횡단했다.

25 アメリカ出身の彼に(ⓐしては ⓑしたら)今回のテロは他人事には思えない
だろう。
미국출신인 그사람 입장에서는 이번 테러가 남의 일로 생각되지 않겠지.

26 この子は小学生に(ⓐしては ⓑしたら)しっかりしていて、頼りがいがある。
이 아이는 초등학생 치고는 야무져서 믿음직스럽다.

27 どこに行くに（ⓐしよ ⓑせよ）、携帯電話は持って行ってください。

어디에 가든지 휴대전화는 가지고 가세요.

28 試験開始に（ⓐ先立ち ⓑ基づいて）、注意事項を説明する。

시험시작에 앞서, 주의사항을 설명한다.

29 楽しいに（ⓐつけ ⓑつき）辛いに（ⓐつけ ⓑつき）、任された仕事は最後まで頑張りたい。

즐거우나 괴로우나 맡은 일은 끝까지 다하고 싶다.

30 何事に（ⓐついて ⓑつけて）部長は僕のささいなミスをいちいち指摘する。

매사에 부장은 나의 사소한 실수를 일일이 지적한다.

31 長年に（ⓐわたる ⓑかける）調査の結果、ついにその原因を究明した。

여러 해에 걸친 조사결과, 드디어 그 원인을 밝혀냈다.

32 鉄砲は種子島に上陸したポルトガル人達に（ⓐよって ⓑしたがって）、日本に伝えられた。

총은 다네가시마에 상륙한 포르투갈사람들에 의해 일본에 전해졌다.

33 友達からの情報に（ⓐよると ⓑよっては）、彼は来週転校するそうだ。

친구로부터 얻은 정보에 의하면, 그는 다음 주에 전학간다고 한다.

34 宣教師達に（ⓐよって ⓑしたがって）キリスト教が伝えられた。

선교사들에 의해 기독교가 전해졌다.

35 場合に（ⓐよっては ⓑよると）、この話は聞かなかったことにしてあげてもよい。

경우에 따라서는 이 이야기는 안 들은 것으로 해도 좋다.

36　この歌は平和への祈りを（ⓐ込めて　ⓑ込もって）作られた歌だと言われている。

이 노래는 평화에 대한 기원을 담아 만들어진 노래라고 일컬어진다.

37　オリンピックの開催を（ⓐ通して　ⓑきっかけに）、そこは観光地として著しい発展を遂げた。

올림픽 개최를 계기로 그곳은 관광지로서 현저한 발전을 이루었다.

38　その物語は年齢や性別（ⓐを問わず　ⓑにかぎらず）、世界中で愛されている。

그 이야기는 연령이나 성별에 상관없이, 전세계적으로 사랑받고 있다.

39　現代はインターネットを（ⓐ通じて　ⓑめぐって）、世界の出来事をその場で知ることができる。

현대는 인터넷을 통하여 세계에서 일어난 일을 그 자리에서 알 수가 있다.

40　ゴミ処理問題を（ⓐ対して　ⓑめぐって）、激しい論争がまきおこった。

쓰레기처리문제를 둘러싸고, 격한 논쟁이 불거졌다.

41　宗教問題（ⓐをめぐって　ⓑに対して）、世界では今日も戦争が起こっている。

종교문제를 둘러싸고, 세계는 오늘도 전쟁이 일어나고 있다.

42　一日の最大摂取量を1000mg（ⓐとして　ⓑにかぎって）いる。

하루 최대섭취량을 1000mg으로 정하고 있다.

정답										
01 ⓑ	02 ⓐ	03 ⓐ	04 ⓑ	05 ⓐ	06 ⓑ	07 ⓑ	08 ⓑ	09 ⓐ	10 ⓑ	11 ⓑ
12 ⓐ	13 ⓐ	14 ⓑ	15 ⓑ	16 ⓐ	17 ⓑ	18 ⓐ	19 ⓑ	20 ⓐ	21 ⓑ	22 ⓐ
23 ⓐ	24 ⓑ	25 ⓑ	26 ⓐ	27 ⓑ	28 ⓐ	29 ⓐ/ⓐ	30 ⓑ	31 ⓐ	32 ⓐ	33 ⓐ
34 ⓐ	35 ⓐ	36 ⓐ	37 ⓑ	38 ⓐ	39 ⓐ	40 ⓑ	41 ⓐ	42 ⓐ		

～あげく (に)	▶惜金のあげく、彼は自己破産した。	p.112
～あまり (に)	▶彼女の事を気にするあまり、勉強に集中できない。	p.112
～以上	▶いったん引き受けた以上、あきらめることはできない。	p.113
～一方だ	▶手術が終わってからも、母の病状は悪くなる一方です。	p.113
～上で	▶部屋を見た上で、借りるかどうかを決めたいです。	p.114
～上に	▶彼は責任感が強い上に正義感も強い。	p.114
～うちに	▶明るいうちに帰らないと、ご両親が心配されますよ。	p.115
～得(う・え)る	▶彼の取った行動は、十分理解し得るものであった。	p115
～おかげで	▶彼のおかげで、命拾いをした。	p.116
～恐(おそ)れがある	▶このままにしておくと、大事故につながる恐れがある。	p.116
～限り(は)	▶夜遅く一人で歩かない限り、安全です。	p.117
～限りでは	▶私の見る限りでは、彼は信頼できる人物だ。	p.117
～かけの / ～かける	▶読みかけの本を母が片付けてしまった。	p.118
～がたい	▶彼がそんなことを言ったなんて、信じがたい。	p.118
～がちだ	▶息子は生まれた時から体が弱く、病気がちである。	p.119
～(か)と思いきや	▶駅の近くだから便利だろうと思いきや、そうでもなかった。 p.119	
～か～ない(かの)うちに	▶チャイムが鳴り終わるか終わらないかのうちに彼は教室を飛び出していった。 p.120	

~に沿って	▶通りに沿って家具を売る店が並んでいる。	p.189
~に対して / ~に対する	▶先日の会議では彼の説明に対して、質問が集中した。	p.190
	▶特に顧客に対する、言葉づかいに注意を払っている。	p.190
~につき	▶昼休みにつき、1時まで休みです。	p.190
~につけ	▶今日でもう今年も終わりだ。それにつけても時の流れのなんと早いことか。	p.191
~につけ~につけ	▶いいにつけ悪いにつけ、結果が大切だ。	p.191
~につれて/~につれ	▶時間がたつにつれてパーティーはにぎやかになってきた。	p.192
~にとって	▶料理は私にとって一番の楽しみである。	p.192
~に伴って	▶都心の人口増加に伴って、住宅問題も深刻化している。	p.193
~に反して	▶天気予報では午後から晴れると言っていたが、予報に反して雨が降り続いている。	p.193
~にほかならない	▶病気の時まっ先に駆けつけて来るのは、彼の愛情の現れにほかならない。	p.153
~に(も)関わらず	▶彼は夏休み中にも関わらず、毎日図書館で勉 強している。	p.194
~にもかまわず	▶彼は足をけがしたにもかまわず、試合に出場した。	p.195
~に基づいて	▶これまでの研究に基づいて論文をまとめた。	p.194
~によって	▶恒例によって、会議の後に夕食会を設けることにした。	p.195
~によって(~られる)	▶いつの時代でも若者によって、新しい流行がつくりだされる。	p.196
~によっては	▶彼の言い方によっては、彼女を傷つけることもある。	p.196

~によると/~によれば	▶今朝のニュースによると午後から雨が降るらしい。	p.197
~にわたって	▶人類は長い年月にわたって努力を重ね、ついに月への飛行に成功した。	p.197
~ぬきで	▶冗談ぬきでまじめに考えてください。	p.152
~ぬきにして	▶あいさつはぬきにしてさっそく本題に入りましょう。	p.152
~ばかりか	▶彼は英語ばかりか、フランス語、ドイツ語、そして中国語も話せるそうだ。	p.154
~ばかりに	▶私が口を出したばかりに、事が大きくなってしまった。	p.154
~はともかく	▶試合の結果はともかく、最後までよくがんばった。	p.155
~ば~ほど	▶考えれば考えるほど分からなくなる。	p.155
~はもとより	▶彼は晴れた日はもとより、雨の降る寒い日でも必ずジョギングをしている。	p.156
~反面	▶携帯電話は便利な反面、悪質な犯罪に使用されることが多い。	p.156
~ほか(は)ない	▶終電に乗り遅れてしまったので、歩いて帰るほかはない。	p.157
~ほど	▶芸能人が書いたその本は、おもしろいほどよく売れた。	p.157
~ほど~ない	▶今年の冬は昨年の冬ほど寒くはなかった。	p.157
~ほどの~ではない	▶少し熱があるだけだから、病院に行くほどのことではない。	p.158
~向け(に)	▶あのマンションは高齢者向けに設計されている。	p.158
ものか	▶あんなまずくてサービスが悪いレストランには2度と行くものか。	p.159

2급수준 체크리스트

일본어능력시험 **1급수준**

---

269 **AあってのB** ~이 있어야 얻어지는, ~이 있어야 비로소

'A없이는 B는 성립되지 않는다'는 뜻으로, 보통 A에는 꼭 있어야 하는 조건이 되는 명사가 오는 경우가 많다. 비슷한 표현으로 「~してはじめて」「~てこそ」가 있다. 우리말로는 주로 'A가 있어야만 가능하다'는 뜻으로 옮겨진다.

どんな<ruby>小<rt>ちい</rt></ruby>さな<ruby>成功<rt>せいこう</rt></ruby>も<ruby>努力<rt>どりょく</rt></ruby>あってのことです。

어떤 작은 성공이라도 노력이 있어야만 얻을 수 있는 것입니다.

<ruby>お客<rt>きゃく</rt></ruby>さまあっての<ruby>商売<rt>しょうばい</rt></ruby>なんだから、<ruby>お客<rt>きゃく</rt></ruby>さまを<ruby>大切<rt>たいせつ</rt></ruby>にするべきだ。

손님이 있어야 비로소 장사가 가능한 거니까 손님을 소중하게 생각해야 한다.

- -

【접속】 명사 + あっての + 명사

---

270 **~いかんだ / ~いかんで(は)** ~에 달려 있다 / ~에 따라서는

'어떤 사항이 실현될지 아닐지는 그 내용·사항에 따라 결정된다'는 뜻. 「いかん」은 「如何」이라고 쓰기도 한다. 「いかんによっては」(~의 여하에 따라서는)라고도 한다. 반대표현은 「~いかんによらず」.

<ruby>話<rt>はな</rt></ruby>し<ruby>合<rt>あ</rt></ruby>いの<ruby>結果<rt>けっか</rt></ruby>いかんでは、<ruby>会社<rt>かいしゃ</rt></ruby>も<ruby>辞<rt>や</rt></ruby>める<ruby>覚悟<rt>かくご</rt></ruby>だ。

의논 결과에 따라서는 회사도 그만둘 각오다(생각이다).

<ruby>今回<rt>こんかい</rt></ruby>のプロジェクトの<ruby>成功<rt>せいこう</rt></ruby>は、<ruby>君<rt>きみ</rt></ruby>の<ruby>努力<rt>どりょく</rt></ruby>いかんだ。

요번 프로젝트의 성공은 당신의 노력여하에 달려 있다.

- -

【접속】 명사(の) + いかんだ / いかんで

～いかんによらず / いかんにかかわらず ～여부에 관계없이

'어떤 결과나 상황여부에 상관없이' 의 뜻이다.

出席欠席いかんによらず、葉書にてお返事ください。

출결석의 여부에 상관없이 엽서로 답장을 주세요.

採否のいかんにかかわらず、結果は郵便でお知らせします。

채용 여부에 관계없이 결과는 우편으로 알려 드리겠습니다.

【접속】 명사(の) + いかんによらず / いかんにかかわらず

～が最後 / ～たら最後 (일단) ~하기만 하면, ~한 이상은

'어떤 일이 일어나기만 하면 반드시' 라는 뜻을 나타내고, 뒤의 상황을 피할 수 없다는 뉘앙스의 표현이다. 뒤에는 화자의 의지나 필연적으로 일어나는 상황을 나타내는 표현이 온다.

それを言ったが最後、君たちの関係は完全にこわれてしまうよ。

그말을 했다가는 그것으로 너희들의 관계는 완전히 깨져 버릴 거야.

ここで会ったが最後、謝ってもらうまでは逃がしはしない。

여기서 만난 이상, 사과를 받을 때까지 그냥 보내지는 않겠어.

【접속】 동사의 た형 + が最後 / たら最後

～かたがた   ~할 겸, ~하는 김에

주로 동작을 나타내는 명사에 접속하여 어떤 일을 하는데 동시에 다른 일도 한다는 뜻이다.

年始のあいさつかたがたおみやげを持って先生のお宅を訪問しました。

연초인사도 할 겸 선물을 들고 선생님 댁을 방문했습니다.

買い物かたがた散歩する。

장도 볼 겸 산책한다.

【접속】명사 + かたがた

> ● **유사표현 「かたがた」, 「ついでに」, 「がてら」**
>
> ① 「ついでに」와 「かたがた」
> 「ついでに」… 어떤 기회를 이용해서 다른 것도 한다.
> 「かたがた」… 기회를 이용한다는 느낌은 없고 '동시에 한다' 라는 뜻이 강하다.
>
> ・あいさつかたがたお礼をする。 인사와 사례를 동시에 한다.
> ・あいさつついでにお礼をする。 원래 목적은 인사인데, 가는 김에 사례도 같이 한다는
> 　　　　　　　　　　　　　　　　　느낌으로, 실례가 될 수도 있다.
>
> ② 「がてら」와 「かたがた」
> 「AがてらB」 … A가 중심이 되는 행동이고, B는 부가적인 느낌.
> 「AかたがたB」… A B 무게중심이 비슷하다.
>
> ・あいさつがてらお礼をする。　사례보다는 인사 쪽에 무게가 있다.
> ・あいさつかたがたお礼をする。 인사와 사례 둘다 비중이 비슷하다.

274　〜かたわら　　　　　　　〜하는 한편

「かたわら」앞에는 주로 그 사람의 본업 등이 온다.

あの人は小説を書くかたわら、絵も描いている。

그 사람은 소설을 쓰는 한편 그림도 그리고 있다.

彼は昼はアルバイトのかたわら、絵も描いている。

그는 낮에는 아르바이트를 하는 한편, 그림도 그리고 있다.

【접속】명사(の) / 동사의 사전형 + かたわら

> ━● 유사표현 「〜ながら」
>
> 「〜ながら」(〜하면서)는 구체적인 두 행동을 동시에 할 때 쓰고, 「かたわら」(〜하는 한편)는 보다 추상적인 개념이 들어 있어, 보통 주업과 부업을 말할 때 쓴다.
>
> ・ご飯を食べながらテレビを見る。밥을 먹으면서 텔레비전을 본다.
>
> ・母は学校の教師として働くかたわら、書道教室もやっている。
>
>   어머니는 학교 선생님으로 일하시는 한편, 서예교실도 하고 계신다.

275　〜が早いか　　　　　　　〜하자마자

「〜するがはやいか」는 회화체에서는 거의 쓰지 않고, 주로 문장체에서 쓴다. 회화에서는 「〜やいなや」, 「〜するなり」 등을 쓴다.

子供たちは公園に着くが早いかおやつを食べ始めた。

아이들은 공원에 도착하자마자 간식을 먹기 시작했다.

そのことばを聞くが早いか彼はその男になぐりかかった。

그 말을 듣자마자 그는 그 남자를 때리려고 했다.

【접속】동사의 사전형 + が早いか

〜からある　　　　　　　　〜이나 되는

무게, 길이, 크기 등을 나타내는 수량사에 접속하여, 그 수나 양, 길이, 크기 등이 많거나 큰
느낌을 나타낸다.

身長2メートルからある男が、突然目の前に現れた。

키가 2미터나 되는 남자가 갑자기 눈앞에 나타났다.

100メートルからある大きなビル。

10미터나 되는 큰 빌딩.

【접속】수량사 + からある

> ● 유사표현 「〜からする」

「〜からする」는 가격을 나타내는 수량사에 접속하여 그 금액이 크다는 것을 강조한다.
・10万円からするかばんを買った。(10만엔이나 하는 가방을 샀다.)

〜如(ごと)く / 〜如き　　　〜와 같은 / 〜와 같이

「〜のようだ」처럼 무언가를 비유해서 말할 때 쓰인다. 속담이나 관용구로 쓰고, 일상회화에
서는 잘 쓰지 않는 딱딱한 표현. 「時(とき)矢(や)のごとし」(세월은 쏜 살 같다)

彼は何の関係もないかのごとく、知らぬふりをしていた。

그는 아무관계도 없는 것처럼 모르는 척하고 있었다.

私ごとき者にこんな重要な役が果たせるでしょうか。

저 같은 사람이 이런 중요한 역할을 맡을 수가 있을까요?

【접속】명사(の) / 동사의 사전형(+かの) + 如く

【참고】「私ごとき」는 '저같은 사람' 이라는 뜻으로 자신을 낮추어서 겸손하게 말할 때 쓴
다.

～こととて　　　　　　　～라서, ～이므로, ～라고 하나

격식을 갖추어 사죄의 이유를 말할 때 쓰는 표현으로, 뒤에는 보통 사죄나 용서를 비는 말
이 온다. 일상회화에서는 거의 쓰지 않는 고어조의 말이다.

お客様がいらっしゃったが、急なこととて、何のおもてなしもで
きなかった。

손님이 오셨는데, 갑작스러운 일이라서 아무대접도 못해 드렸다.

思いがけぬこととて、それは残念だ。

예상치 못한 일이라고는 하나, 그것은 유감이다.

- -

【접속】동사・イ형용사의 사전형 / ナ형용사의 사전형 + な + こととて

～ずくめ　　　　　　　～뿐, ～일색, 온통 ～인

자주 쓰이는 표현으로「黒ずくめ(검정색 일색)」,「いいことずくめ(좋은 일이 많은)」,「ごち
そうずくめ(맛있는 것이 많은)」등이 있다.

今日も彼女は、上から下まで黒ずくめの格好をして現れた。

오늘도 그녀는 위에서 아래까지 검정색 일색을 차려입고 나타났다.

- -

【접속】명사 + ずくめだ / ずくめの(+명사)

> ● **유사표현「だらけ」**
>
> 「だらけ」… 주변이 안 좋은 것으로 덮여 있다는 뜻. 자주 쓰이는 표현으로「泥だらけ
> (흙투성이)」,「血だらけ(피투성이)」등이 있다.
> ・間違いだらけの答案(오답투성이의 답안지 → 틀린 데가 너무 많다는 뜻.)

280 **～すら** ～조차

당연히 해야 하는 내용을 못하거나 안 함으로써 다른 것도 그럴 것이라고 추측하거나, '마저'의 뜻으로 극단적인 상황을 나타낸다. 주로 부정적인 판단을 할 때 그것조차 못하니 다른 것은 당연히 못한다는 뜻을 내포하고 있다.

今年の新入社員はあいさつすらまともにできない。
올해 들어온 신입사원은 인사조차 제대로 못한다.

手をけがしたために、名前すらまともに書けない。
손을 다치는 바람에 이름조차 제대로 못 쓴다.

【접속】명사 + すら

유사표현「さえ」

① 지금의 상태나 정도보다 범위가 넓어가는 것을 나타낼 때
· 強風に雨さえも降り出した。 강풍에 비까지 쏟아졌다.
② 정도가 가벼운 것을 들어서 그 이상의 것을 강조할 때
· 初心者でさえすぐできる。 초보자라도 바로 할 수 있다.
③「～さえ ～ば」형태로 '～만 ～하면'의 뜻으로 쓸 때. 그것만 되면 나머지는 관계 없다는 뜻이다.
· あなたさえよければ私もいいです。 당신만 좋으면 나도 좋아요.

281 **～そばから** ～하기가 무섭게(바로)

'～하면 바로'란 뜻. 보통 반복하기 싫은, 하기 어려운 행동이 앞에 온다.

かたづけるそばから子どもがおもちゃを散らかすので、いやになってしまう。 청소하기가 무섭게 아이가 장난감을 어질러서 짜증이 난다.

娘はこづかいをやったそばから使ってしまう。
우리 딸은 용돈을 주기가 무섭게 써 버린다.

【접속】동사의 사전형・た형 + そばから

224 1급 --- PART I 최중요 필수표현

～たところで　　　　　～한들, 해봤자

어떻게 해봤자 원하는 결과는 못 얻는다는 뜻. 뒤에는 부정적인 판단, 평가가 온다.

地下鉄の中にかばんを置き忘れたことに気がついた。問い合わせ
てみたところで、まず見つからないだろう。

지하철에 가방을 놓고 온 것을 깨달았다. 문의를 해 봤자 거의 찾을 수 없을 것이다.

彼に相談したところで、何の役にも立たなかった。

그와 의논해봤지만, 아무런 소득이 없었다.

【접속】동사 · イ형용사 · ナ형용사의 た형 + ところで

～だに　　　　　～하기만 해도, ～도

'전혀 ～하지 못하다' '～조차 ～(부정형)'이라는 뜻의 문어체표현이다.

地震のことなど想像するだに恐ろしい。 지진은 상상만 해도 두렵다.

彼があんな事故で簡単に逝ってしまうなんて、想像だにしなかっ

た。 그가 그런 사고로 쉽게 죽다니 상상도 못했다.

【접속】명사 / 동사의 사전형 + だに

～たりとも　　　　　(비록) ～일지라도

최소한의 것도 허용하지 않겠다는 뉘앙스가 들어 있다. 「一人たりとも」(한사람이라도), 「一
滴たりとも」(한방울이라도), 「一日たりとも」(하루만이라도)와 같이 쓰인다. 수량표현은 「1」
이 오는 것이 보통이다. 「一人も, 一滴も, 一日も」로 바꿀 수 있지만, 「たりとも」가 더 강한
느낌이 든다.

試合が終わるまでは一瞬たりとも油断はできない。

시합이 끝날 때까지는 한순간이라도 방심은 못한다.

【접속】명사(수사) + たりとも～ない

～たる ～이라는 입장에 있는, ～라는

자격이나 신분을 갖춘 자라면 당연히 ～해야 한다는 문장에서 많이 쓰인다. 앞에는 직업이나 신분을 나타내는 말이 온다.

警察_{けいさつ}たる者_{もの}、そのような犯罪_{はんざい}にかかわってはいけない。

경찰이라는 자가 그런 범죄에 관련하면 안된다.

選手_{せんしゅ}たる者_{もの}、試合_{しあい}においては堂々_{どうどう}と戦_{たたか}うべきだ。

선수란 시합에서는 당당히 싸워야 한다.

【접속】명사 + たる

～つ～つ ～다 ～다(동작의 반복)

「行_いきつ戻_{もど}りつ」(왔다 갔다), 「押_おしつ押_おされつ」(밀다 밀리다) 등 관용구처럼 쓰인다. 반대 뜻을 갖는 단어, 능동형과 수동형… 처럼 짝이 되는 동사에 붙어서 양쪽 동작이 반복되는 것을 나타낸다.

彼_{かれ}を一目_{ひとめ}見_みたくて、彼_{かれ}の家_{いえ}の前_{まえ}を行_いきつ戻_{もど}りつしていた。

그를 한 번 보고 싶어서 그의 집앞을 왔다갔다 했었다.

二人_{ふたり}はかさをさしつさされつ歩_{ある}いて行_いった。

두 사람은 우산을 같이 쓰고 걸어갔다.

【접속】동사A의 ます형 + つ + 동사B의 ます형 + つ

> ● 유사표현 「～たり ～たり」

「～つ ～つ」보다는 회화체적인 표현이다.

・家_{いえ}の前_{まえ}を行_いったり来_きたりする。 집 앞을 왔다갔다 한다.

・休日_{きゅうじつ}は音楽_{おんがく}を聞_きいたりビデオを見_みたりする。 휴일에는 음악을 듣거나 비디오를 보거

나 한다.

287 ~っぱな(放)し   ~인 채로 내버려 둠, 계속 ~하다

「~たまま」와는 달리 마이너스평가가 들어 있는 경우가 많다. '어떤 상태로 그대로 두다'라는 뜻이지만, 그 상태를 신경쓰지 않고 방임, 방치하는 느낌이 있다.

風呂の水を出しっぱなしにして出かけてしまった。

욕조에 물을 틀어놓은 채로 외출해 버렸다.

家の窓を開けっぱなしで出てきたかもしれない。

집의 창문을 열어둔 채로 나왔을지도 모른다.

【접속】동사의 ます형 + っ放し

288 ~であれ   ~라고 해도, ~든

「~であれ ~であれ」형태로 반복해서 쓰는 경우가 많다. 앞의 조건에 상관없이 사태에 변함이 없다는 것을 나타낸다. 주로 명사에 접속할 때가 많지만, ナ형용사와 쓰일 때도 있다. イ형용사의 경우는「暑(あつ)かれ、寒(さむ)かれ」,「暑(あつ)かろうと, 寒(さむ)かろうと」처럼「~かれ~かれ, ~かろうと~かろうと」형태로 쓰인다.

そんなひどいいたずらは、たとえ子供であれ許せるものではない。

저렇게 심한 장난은 아무리 아이라고 해도 용서할 수가 없다.

雨であれ、台風であれ、明日は計画通り行うとの連絡があった。

비가 오든 태풍이 오든 내일은 계획대로 한다는 연락이 왔다.

【접속】명사 / ナ형용사의 사전형 + であれ

～でもあるまいし ～도 아니고

「～じゃあるまいし」형태로도 많이 쓰인다. 말하는 조건과 현실이 너무나 맞지 않는다는 판단이 들어간 표현이다. 그 연령이나 수준에 맞는 행동을 해야 한다는 질책이나 꾸짖는 뉘앙스가 들어 있다.

十代の娘でもあるまいし、そんな服は着れませんよ。

10대 아가씨도 아닌데, 그런 옷은 못 입어요.

子どもでもあるまいし、言われなくても自分でやりなさい。

어린애도 아닌데, (내가) 말을 안 해도 알아서 하거라.

【접속】명사 + でもあるまいし

～とあって ～한다기에

「～とあって」는 '～이라는 상황이라서'라는 뜻으로 원인이나 이유를 나타낸다. 뒤에는 그 상황에서 당연히 일어날 일이나 타당한 결과가 온다. 「명사 + だ」의 「だ」는 생략될 때가 많다.

有名人が来るとあって、会場の前には行列ができている。

유명한 사람이 온다고 해서 회장 앞에는 행렬이 생겼다.

おかしがもらえるとあって、子供はうれしそうに待っている。

과자를 얻을 수 있다기에 아이들은 좋아서 기다리고 있다.

初めての子供が産まれるとあって、彼は休みをとって奥さんの側についている。

첫아이가 태어난다기에 그는 휴가를 내서 부인 곁에 있다.

【접속】명사・동사・イ형용사・ナ형용사의 보통형 + とあって

～といい～といい 　～로 보나 ～로 보나

예를 두 개 들고, 그 두 개 뿐만 아니라 다른 것도 그렇다는 의미가 포함되어 있다. 주로 비판할 때나 평가할 때 쓰인다. 「～といわず～といわず」형태로 쓰이면 '구별없이, 모두 다' 라는 뜻이다.

この指輪は品質といいデザインといい申し分ない。

이 반지는 품질로 보나 디자인으로 보나 더할나위없다.(좋다)

あのレストランは量といい味といい文句のつけようがない。

저 레스토랑은 양으로 보나 맛으로 보나 흠잡을 데가 없다.

【접속】명사1 + といい + 명사2 + といい

～と（～とが）相まって 　～와 (～이) 어울려서

명사에 붙어서 '그것이 다른 요소와 적응하여' '그 성질이 다른 요소의 성질과 같이 되어서' 라는 뜻으로 뒤에는 좋은 결과가 온다.

連休と好天とが相まって、行楽地には人がいっぱいだ。

연휴와 좋은 날씨가 맞물려 행락지엔 사람이 가득하다.

環境の良さと交通の良さが相まって、そこの物件は人気がある。

환경도 좋은데다 교통편도 좋아서 그 물건은 인기가 있다.

空の青さと山の緑とが相まって、まぶしいほどの景色が目の前に広がっている。

파란 하늘과 푸른 산이 어우러져 눈부실 만큼 아름다운 풍경이 눈 앞에 펼쳐져 있다.

【접속】명사1 + と + 명사2 + (と)が相まって

【참고】「物件(ぶっけん)」은 부동산 물건을 가리킬 때 쓰는 말로 우리말의 '물건' 이라는 뜻이 아니므로 주의해야 한다.

293 ～と言えども　　　　　～라 할지라도

「～と言っても」의 문장체표현.

まんがと言えども立派な文化の産物である。

만화라 할지라도 훌륭한 문화의 산물이다.

小学生と言えどもこれは犯罪にちがいない。

초등학생이라 하더라도 이것은 범죄와 다름없다.

【접속】명사・동사・イ형용사・ナ형용사의 보통형 ＋ と言えども

294 ～といったところだ　　　　　～라고 하면 맞을 것이다

'～라고 해도 된다, ～라고 해도 과언이 아니다' 라는 뜻. 다른 사람에게는 대단한 것이라도 그 사람에게는 별것아니라는 뉘앙스가 들어 있다.

大金持ちの彼女にとって、カジノはちょうどいい遊び場といった

ところだ。

부자인 그녀에게는 카지노가 딱 좋은 놀이터라고 하면 맞을 것이다.

ごはん三杯ぐらいは彼にとっては軽い食事といったところだ。

공기밥 세 그릇정도는 그사람한테는 가벼운 식사라고 해도 과언이 아니다.

【접속】명사・동사・イ형용사・ナ형용사의 보통형 ＋ といったところだ

295 ～ときたら　　　　　～로 말할 것 같으면

어떤 사람이나 사물을 화제로 그에 대해 평가를 말할 때 쓴다. 보통 기대에 미치지 못하는 평가가 온다. 주로 앞에 오는 사람은 주변의 가까운 사람이 오는 경우가 많다. 흉을 보거나 비난, 불만을 말할 때 쓴다. 「～は」로 바꾸면 무덤덤한 표현이 된다.

うちの息子ときたら、勉強はせずにゲームばかりしている。

우리 아들녀석은 공부는 하지 않고 게임만 하고 있다.

うちの夫ときたら、毎日午前様です。

우리 남편은 요즘 매일 새벽에 들어와요.

【접속】명사・동사・イ형용사・ナ형용사의 사전형 + ときたら

296 ～ところで　　　　　　　　　～라고 한들, ～라고 해도

「～したって」、「ても」로 바꿀 수 있다. 어떤 행동을 취하여도 크게 기대할 수 없다는 뉘앙스가 들어 있다. 보통 동사의 た형에 접속한다. 「～にしたところで」는 앞에 명사가 왔을 때 '～인들'의 뜻으로 쓰인다.

どちらにしたところで、そうたいした差があるとは思わない。

어느쪽을 선택한들 그렇게 차이가 있을 것 같지는 않다.

彼にしたところで、この問題を解決するのは困難だろう。

그 사람이라고 한들 이 문제를 해결하기는 어려울 거야.

彼に頼んでみたところで、期待はできないだろう。

그에게 부탁해봤자 기대하긴 어려울 거야.

【접속】명사 + にしたところで / 동사의 た형 + たところで

297 ～とは　　　　　　　　　～이라니, ～하다니

놀람을 나타낸다. 예상치 못했던 일에 마주쳤을 때의 놀람, 감탄을 나타낸다. 「～なんて」형으로도 자주 쓰인다. 뒷부분을 생략할 수도 있으며 '～이라고는 생각도 못했다'라는 의미를 나타낸다.

年下からそんなことを言われるとは、さぞ不愉快だっただろう。

연하한테서 그런 말을 듣다니 기분이 많이 안 좋았을 것이다.

あんなに純粋な彼女がそんなことをするとは…。

그렇게 순수한 그녀가 그런 짓을 하다니…(믿어지지 않다)

【접속】명사・동사・イ형용사・ナ형용사의 보통형 + とは

298 　～とはいえ

~라고는 해도, ~하고는 하나

'그건 인정하지만…' 이라는 뜻을 나타낸다. 앞에 오는 사항에서 예상·기대되는 일과 결과가 엇갈릴 때 쓴다. 「～とはいっても」「～とはいうものの」로 바꿔 말할 수 있다.

仕事_{しごと}が山_{やま}のようにあって、休日_{きゅうじつ}とはいえ、出社_{しゅっしゃ}しなければならない。

일이 많아서 휴일이라고는 하나 출근해야 한다.

彼_{かれ}はアマチュアとはいえ、プロ並_なみの腕_{うで}です。

그는 아마츄어라고는 하나, 프로급의 솜씨를 가졌다.

【접속】명사·동사·イ형용사·ナ형용사의 보통형 + とはいえ

299 　～とばかりに

~할 듯, ~라는 듯이

'마치 ~라고 하는 듯' 이라는 뜻이다. 「ここぞとばかりに」는 '이때다 하는 것처럼' 이라는 뜻의 관용표현이다.

呼_よび鈴_{りん}が鳴_なると、待_まっていたとばかりに娘_{むすめ}は飛_とび出_だしていった。

초인종이 울리자 기다렸다는 듯이 딸은 뛰어나갔다.

彼女_{かのじょ}はここぞとばかりに彼_{かれ}を責_せめ立_たてた。

그녀는 이때다 싶었는지 그를 몰아세웠다.

【접속】명사·동사·イ형용사·ナ형용사의 보통형 + とばかりに

300 　～ともなく / ～ともなしに ~라고 할 것 없이

'딱히 ~라고 할 것 없이' 라는 뜻. 앞에 「どこ、いつ、だれ」와 같은 의문사를 수반하는 경우가 많다. どこからともなく、いつからともなく、だれからともなく.

彼女_{かのじょ}の演奏_{えんそう}が終_おわると同時_{どうじ}に、どこからともなく拍手_{はくしゅ}が起_おこった。

그녀의 연주가 끝나자마다 어디서부터라고 할 것 없이 박수가 일었다.

どこを見るともなく、ただぼんやりと夜空を眺めている。

딱히 어디를 보는 것도 없이 그냥 어렴풋이 밤하늘을 바라보고 있다.

【접속】의문사(격조사) / 동사의 사전형 + と(も)なく

301 ～ないまでも   ～까지는 못하더라도

앞에는 수량이나 중요성의 정도가 높은 것을 제시하고, 뒤에는 정도가 낮은 것이 이어지고 최소한의 조건이 제시된다. 문말에는 「～すべきだ」, 「～た方が良い」 등 의무나 의지·요구·명령·희망 등이 온다. 「～とは言わないでも」형으로도 많이 쓰인다.

あいさつに来ないまでも、電話ぐらいはするものだ。

인사하러는 못올 망정 전화 정도는 해야 되는 것이다.

満点とは言わないまでも、最低合格点はとるべきだ。

만점까지는 아니더라도 최소한 합격점은 따야 한다.

大手スーパーほど安くないまでも、せめてあの店ぐらい安くしなければ売れない。

대형(대기업) 수퍼만큼 싸지는 않더라도 적어도 저 가게 정도는 싸게 하지 않으면 안 팔린다.

【접속】명사·동사·イ형용사·ナ형용사의 ない형 + までも

302 ～ながらに   ～하면서, ～로

「涙(なみだ)ながらに」(눈물을 흘리면서), 「生(う)まれながらに」(선천적으로) 등은 관용표현처럼 쓰이므로 기억해두자.

一時も早く子供を救出してほしいと、母親は涙ながらに訴えた。

한시라도 빨리 아이를 구해 달라고 모친은 눈물로 호소했다.

【접속】명사 + ながらに

～なしに(=なくして)　　　　～없이

= 「～なくしては」. 뒤에 불가능, 부정의 뜻을 갖는 표현이 와서 '그것이 없었다면 ～할 수가 없다 / 곤란하다', '～이 반드시 필요하다' 라는 뜻을 나타낸다. 「～が(い)なくては / (い)なければ～できない / 困る」등 바꿔 말할 수 있다.

だれにも知られることなしに準備を進めなければならない。
아무도 모르게 준비를 진행해야 한다.

両親の協力なくしてはこの作品の完成はなかったであろう。
부모님의 도움없이는 이 작품의 완성은 없었을 것이다.

【접속】명사 + なしに(は)～ない, なくして(は)～ない

～ならではの　　　　　　　～다운, 특유의

「～ならではの」는 '～가 아니면 안되는' 즉 '～만의, ～다운, ～특유의' 라는 뜻으로 쓰인다.

ベテラン技師ならではの素晴らしいアイディアである。
프로 기사다운 훌륭한 아이디어이다.

田舎ならではの素朴な味がとてもなつかしく感じられる。
시골다운 소박한 맛이 아주 그립게 느껴진다.

【접속】명사 + ならではの / ならではだ

305 ～なり　　　　　　　～한 순간, ～하자마자

비슷한 표현으로 「～するやいなや」「～したとたんに」 등이 있다.

「あっ」と言うなり、彼は突然走り出した。

앗 하는 순간에 그는 갑자기 달려갔다.

妹は家に帰ってくるなり、すごい勢いで階段を上っていった。

여동생은 집에 들어오자마자 굉장한 속도로 계단을 올라갔다.

【접속】 동사의 사전형 + なり

306 ～なり～なり　　　　　　～하든지 ～하든지

예를 두 개 들어서 그 중에서 한 쪽을 선택한다는 뜻을 나타낸다. 물론 방법은 그 두 가지 뿐만 아니라 여러가지가 있다는 뉘앙스가 있다. 또한 「～なりなんなり」 형태로 쓰여서, '～하든 뭘하든' 라는 뜻을 나타낸다. 장소는 「～なりどこなり」라고 한다.

東京なり大阪なり、好きなところに旅行に行けばよい。

도쿄든 오사카든 좋아하는 곳으로 여행 가면 된다.

わからない単語があったら、辞書を引くなりだれかに聞くなりすればよい。

모르는 단어가 있으면 사전을 찾든지 누군가에게 묻든지 하면 된다.

水泳をするなりなんなりして、少しやせたほうがいいですよ。

수영을 하든 뭘 하든 살을 좀 빼는 게 좋아요.

【접속】 명사 / 동사의 사전형 + なり～なり

307　〜なりに / 〜なりの　　〜나름대로(의)

그에 알맞는 상태를 말한다. 한계나 결점이 있는 것을 인정하면서도 각자 나름대로 최선을
다했다는 플러스평가를 할 때 쓴다. 우리말의 '나름대로 괜찮다' '나름대로 재미있었다' 라고
할 때는 「それなりにいい」와 같이 표현한다. 고정된 것으로 「言いなり」라고 동사에 접속한
말이 있는데, '아무 반항도 하지 않고 상대방이 말하는 대로 따르다' 라는 뜻이다. 우리말의
'시키는 대로'에 해당하는 말. 주로 「言いなりになる」와 같이 쓴다.

新製品の企画について、私なりに考えた案を説明した。

신제품의 기획에 대해서 나름대로 생각한 안을 설명했다.

彼は自分なりの意見を持っているが、少し自己中心な所がある。

그는 나름대로의 의견을 가지고 있는제, 약간 자기중심적인 면이 있다.

あの人はいつも奥さんの言いなりになっている。

저 사람은 항상 부인이 시키는 대로 하고 있다.

- -

【접속】명사 + なりに, なりの(+명사)

308　〜にあって　　〜에, 〜에 있어서, 〜에 처해서

어떤 입장에 처해 있는 상황을 나타낸다.

水も食糧もない状況にあって、人々は互いに分け合うことの大切
さを学んだ。

물도 식량도 없는 상황에서 사람들은 나눔의 소중함을 배웠다.

こんな現実にあって、自分の未来のために努力しなければならない。

이런 현실에서, 자신의 미래를 위해 노력하지 않으면 안된다.

- -

【접속】명사 + にあって

～に至る   ~에 이르다

여러 과정을 거쳐서 최종적으로 이르게 된 상황을 말한다. 「～に至るまで」(~에 이르기까지), 「～に至って(は)」(~에 이르러서야) 형태도 자주 쓴다.

ねんかん　　　　れんあい　すえ　ふたり　けっこん　いた
4年間という恋愛の末、2人は結婚に至った。

4년동안이나 연애한 끝에 둘은 결혼에 이르렀다.

いぶんかしゃかい　なか　せいかつ　　　　いた　　　　　　　　　　そこく　　　　　　そんざい　おお
異文化社会の中で生活するに至って、やっと祖国という存在の大
　　わ
きさが分かった。

다른 문화 속에서 살아보고서야 조국의 존재가 얼마나 큰지 알았다.

【접속】명사 / 동사의 사전형 + に至る, に至って / 명사 + に至るまで

～に関わる   ~에 관계되는, ~에 영향을 미치는

'~에 영향을 미치다'라는 뜻이 들어 있다.

かいしゃ　ひょうばん　かか　　　　　　　　　　　　せいひん　ひんしつかんり　　きび
会社の評判に関わるから、製品の品質管理は厳しくしなければな
らない。

회사 평판에 직결되므로 제품의 품질관리는 엄격하게 해야 한다.

かれ　にんき　かか　じゅうよう　もんだい
それは彼の人気に関わる重要な問題です。

그것은 그의 인기와 관계되는 중요한 문제입니다.

【접속】명사 + に関わる

～にして   ~이 되어 (비로소)

「～になってはじめて」와 비슷한 표현이다. 대부분 앞에는 나이가 오고 연령적으로 이르거나 늦었다는 것을 나타낸다.

かれ　さい　　　　　　　　　　　じぶん　い　　　　　　みち　み
彼は40歳にしてようやく自分の生きるべき道を見つけた。

그는 마흔살이 되어서야 겨우 자신이 살아가야할 길을 찾았다.

その選手は12歳<ruby>選手<rt>せんしゅ</rt></ruby>にして<ruby>早<rt>はや</rt></ruby>くもチャンピオンになった。

その選手は12歳<ruby>歳<rt>さい</rt></ruby>にして<ruby>早<rt>はや</rt></ruby>くもチャンピオンになった。

그 선수는 12살의 나이로 일찌기 챔피언이 되었다.

【접속】명사 + にして

312 　~に即して / ~に即した　~에 입각해서, ~에 입각한

'~에 입각해서'라는 뜻으로 앞에는 현상, 현실, 경험, 사실 등의 단어가 오는 경우가 많다.
문어체 표현.

<ruby>現状<rt>げんじょう</rt></ruby>に<ruby>即<rt>そく</rt></ruby>して<ruby>効力<rt>こうりょく</rt></ruby>のある<ruby>政策<rt>せいさく</rt></ruby>を<ruby>立<rt>た</rt></ruby>てるべきです。

현실에 입각하여 효력있는 정책을 세워야 합니다.

<ruby>実状<rt>じつじょう</rt></ruby>に<ruby>即<rt>そく</rt></ruby>した<ruby>町<rt>まち</rt></ruby>の<ruby>再開発計画<rt>さいかいはつけいかく</rt></ruby>を<ruby>練<rt>ね</rt></ruby>らなければならない。

실상에 입각한 지역사회의 재개발계획을 짜야 한다.

【접속】명사 + に即して

313 　~に足る　　　　　~할 만한, ~하기에 충분한

반대의 뜻을 나타내는 「~に足りない」는 '별 거 아니다, 그렇게 할 가치가 없다.'라는 의미
를 나타낸다. 「~に足る」와 비슷한 뜻을 나타내는 것으로 「~に値(あたい)する」가 있는데,
이것은 '~할만한 가치가 있다'이라는 뜻이다. 「取るにたりない」는 '특별히 이렇다 할 만한
일이 못된다', '별것아니다'라는 뜻의 관용표현이다.

<ruby>相手<rt>あいて</rt></ruby>を<ruby>十分<rt>じゅうぶん</rt></ruby>に<ruby>納得<rt>なっとく</rt></ruby>させるに<ruby>足<rt>た</rt></ruby>る<ruby>証拠<rt>しょうこ</rt></ruby>を<ruby>示<rt>しめ</rt></ruby>す<ruby>必要<rt>ひつよう</rt></ruby>がある。

상대방을 충분히 납득시킬 만한 이유를 제시할 필요가 있다.

<ruby>取<rt>と</rt></ruby>るに<ruby>足<rt>た</rt></ruby>りないささいな<ruby>事<rt>こと</rt></ruby>を、<ruby>一大事<rt>いちだいじ</rt></ruby>のように<ruby>騒<rt>さわ</rt></ruby>ぎ<ruby>立<rt>た</rt></ruby>てるな。

별 것 아닌 일을 가지고 큰일처럼 떠들지 마.

【접속】명사 / 동사의 사전형 + に足る

314 ～にひきかえ（て）　～에 반해, ～에 비해

대조적인 두 가지 일을 비교한다. 「～にひきかえ」는 앞에 좋은 예가 오고, 그와 비교해서 나쁘거나 좋지 않은 비교대상을 뒤에 언급할 때 쓴다. =「～にくらべて」, 「～に反(はん)して」

彼の給料は1か月50万円だ。それにひきかえ、私の給料はなんと安いことか。

그의 월급은 한 달 50만엔이다. 그와는 달리 나의 월급은 왜 이리도 싼 걸까?

去年の夏にひきかえ、今年の夏は本当に暑い。

작년 여름에 비해 올 여름은 정말 덥다.

【접속】명사 / 동사, イ형용사의 사전형(+の) / ナ형용사의 な형(+の) + にひきかえ

315 ～にもまして　～보다도, 보다 더

「AにもましてB」라는 형태로 'A도 물론 그렇지만, 더더욱 B이다'라는 뜻으로 쓰인다. A와 비교했을 때 B의 정도가 더 높은 것을 강조하는 표현이다.

息子は父親から仕事をまかされて、前にもまして仕事に励むようになった。

아들은 아버지로부터 일을 맡게 되어 예전보다도 더 열심히 일을 하게 되었다.

今日はいつにもまして彼の歌声に力がある。

오늘은 어느때보다도 그의 노랫소리에 힘이 있다.

【접속】명사・동사・イ형용사・ナ형용사의 보통형 + に(も)まして

> **자주 쓰이는 표현**
>
> ・「前(まえ)にもまして」　　… 예전보다 더 ～
> ・「以前(いぜん)にもまして」　… 이전보다 더 ～
> ・「何(なに)よりもまして」　　… 무엇보다도 가장, 제일 ～
> ・「いつにもまして」　　　　… 어느때보다도 더

316 ～はおろか ～은 고사하고, ～은 커녕

'～은 말할 필요없이, ～은 물론이고'라는 뜻.「さえ / まで / も / すら～ない」등 강조표현이나 부정표현과 같이 오는 경우가 많다. 정도가 높은 것을 들어서 그것조차 아니기 때문에, 그것보다 낮은 것은 당연히 아니다라는 것을 강조하는 표현. 참고로,「すら」는 수준이 낮은 것조차 못하기 때문에 다른 것은 더욱 기대하기 어렵다는 뜻이다.

私は海外はおろか、国内さえもほとんど旅行したことがない。
나는 해외는 커녕 국내조차 거의 여행한 적이 없다.

最近の親は他人の子供はおろか、自分の子供さえも叱らなくなったといわれている。
요즘의 부모들은 남의 아이는 물론이고, 자기 아이조차도 혼내지 않는다고 한다.

【접속】명사 + はおろか + (さえ / まで / も / すら～ない)

317 ～ばこそ ～하기 때문에 더더욱

감정의 정도가 클수록 거기에 비례해서 반대되는 행동도 커짐을 나타낸다.

子どものためを思えばこそ、親というものは子どもに小言が多くなるものだ。
아이를 생각하기 때문에 더더욱 부모는 아이에게 잔소리가 많아지는 것이다.

愛していればこそ、時には厳しいことも言わなければならない。
사랑하기 때문에 더더욱 때로는 엄하게 말해야 한다.

【접속】동사의 가정형 + ばこそ

〜べからざる　　　　　　　　　〜해서는 안되는(〜하지 말 것)

「〜べからざる + 명사」 형태로 '〜해서는 안되는'의 뜻을 나타낸다. 모든 동사에 쓸 수 있는 것은 아니고, 주로 「欠(か)くべからざる人物(빼 수 없는 사람) / 許すべからざる行為(용서할 수 없는 행위) / するべからず(해서는 안된다)와 같이 쓴다.

彼は学生として許すべからざる行為を行ったとして、学校を退学させられた。

그는 학생으로서 용서가 안 되는 행위를 했다고 해서 퇴학을 당했다.

ここでタバコを吸うべからず。

여기서 담배를 피우지 말 것.

【접속】동사의 사전형 + べからざる

【참고】경고문 등에 자주 쓰인다.
- 入(はい)るべからざる 들어가지 말 것.
- 食(た)べるべからざる 먹지 말 것.
- 開(あ)けるべからざる 열지 말 것.

〜べく〜　　　　　　　　　　　〜하기 위해

'〜하기 위해', '〜할 수 있도록'의 뜻. 일상회화에서는 거의 안 쓰인다. 보통 회화에서는 「〜ために」를 쓴다.

彼は締め切りに間に合わせるべく、日夜彫刻に取り組んでいる。

그는 마감에 맞추기 위해 주야로 조각작업을 하고 있다.

親の期待にそうべく、彼は一流大学に合格した。

부모님의 기대에 부응하기 위해 그는 일류대학에 합격했다.

【접속】동사의 사전형 + べく〜

～まみれ

～투성이, ～로 범벅이 된

「まみれ」는 「まみれる」의 명사형. 흙이나 피 등이 온통 묻어있다는 뜻이다.

<ruby>彼<rt>かれ</rt></ruby>は<ruby>毎日<rt>まいにち</rt></ruby><ruby>毎日<rt>まいにち</rt></ruby><ruby>泥<rt>どろ</rt></ruby>まみれになって<ruby>働<rt>はたら</rt></ruby>いている。

그는 매일매일 흙투성이가 되어 일하고 있다.

<ruby>血<rt>ち</rt></ruby>まみれになって<ruby>倒<rt>たお</rt></ruby>れている<ruby>人<rt>ひと</rt></ruby>を<ruby>病院<rt>びょういん</rt></ruby>に<ruby>運<rt>はこ</rt></ruby>んだ。

피투성이가 되어 쓰러져 있는 사람을 병원에 옮겼다.

【접속】 명사 + まみれ

> ● 유사표현 「だらけ」
>
> 「だらけ」 … ～투성이(눈으로 보이는 것뿐만 아니라 결점, 단점 등 추상적인 것도 가능)
>
> 「ずくめ」 … ～일색(주로 색깔)   「まみれ」 …～투성이, 범벅(눈으로 보이는 것)
>
> ・<ruby>息子<rt>むすこ</rt></ruby>は、<ruby>泥<rt>どろ</rt></ruby>だらけ(○<ruby>泥<rt>どろ</rt></ruby>まみれ)になって<ruby>帰<rt>かえ</rt></ruby>ってきた。 (아들은 흙투성이가 되어 돌아왔다.)
>
> ・<ruby>黒<rt>くろ</rt></ruby>ずくめ(×<ruby>黒<rt>くろ</rt></ruby>まみれ ×<ruby>黒<rt>くろ</rt></ruby>だらけ)の<ruby>姿<rt>すがた</rt></ruby>。 (검정색 일색의 옷차림)
>
> ・あの<ruby>男<rt>おとこ</rt></ruby>は<ruby>欠点<rt>けってん</rt></ruby>だらけ(×<ruby>欠点<rt>けってん</rt></ruby>まみれ)だ。 (그남자는 결점투성이다.)

～めく

～다워지다

'그런 분위기가 나다, 그렇게 보이다' 라는 뜻으로 한정된 단어에만 접속한다(春めく, 皮肉めく). 참고로, 「ひらめく」(번뜩이다), 「ときめく」(두근거리다) 등은 めく가 들어간 독립된 형태의 동사들이다.

<ruby>雪<rt>ゆき</rt></ruby>がとけて<ruby>野<rt>の</rt></ruby>の<ruby>花<rt>はな</rt></ruby>も<ruby>咲<rt>さ</rt></ruby>きはじめ、<ruby>日<rt>ひ</rt></ruby>ざしも<ruby>春<rt>はる</rt></ruby>めいてきた。

눈이 녹아서 들꽃도 피기 시작하고 햇빛도 봄다워졌다.

<ruby>彼<rt>かれ</rt></ruby>は<ruby>皮肉<rt>ひにく</rt></ruby>めいた<ruby>口調<rt>くちょう</rt></ruby>で<ruby>彼女<rt>かのじょ</rt></ruby>に<ruby>話<rt>はな</rt></ruby>しかけた。

그는 비꼬듯이 그녀에게 말을 걸었다.

【접속】 명사 + めく

322 ～もさることながら ～도 ~지만

「AもさることながらB」형태로 'A도 그렇지만, B가 더 그렇다'라는 뜻으로 주로 좋은 평가를 할 때 쓴다. 상대방의 생각 A를 듣고, 자신의 의견 B를 말할 때, '어느쪽이냐 하면 A보다 B가 더'라는 뜻의 완곡한 비교문형을 만들기도 한다.

彼は外見もさることながら、頭のよさにも定評がある。
그는 외모도 외모지만, 머리가 좋기로도 정평이 나 있다.

ここは味もさることながら、インテリアがとてもおしゃれだ。
여기는 맛도 맛이지만, 인테리어가 매우 근사하다.

- -
【접속】 명사 + もさることながら

323 ～や / ～や否(いな)や ～하자마자

문장체표현이다. 「～がはやいか」, 「～とすぐ」, 「～なり」로 바꿀 수 있다.

彼はホテルに着くや否や、恋人に電話をかけた。
그는 호텔에 도착하자마자 애인에게 전화를 걸었다.

- -
【접속】 동사의 사전형 + や / や否(いな)や

324 ～故(ゆえ)に ～때문에

이유를 나타내는 문어체 표현이다. 「ゆえ」는 '이유, 연고, 연유'를 뜻하는 고어다. イ형용사에 접속할 때는 「～が故(ゆえ)に」형태로 쓰기도 한다.

貧しい故に十分な教育を受けられない人々がいる。
가난하기 때문에 충분한 교육을 못 받는 사람들이 있다.

景気が悪いが故に職場を離れざるをえない人々もいる。
경기가 안 좋아서 직장을 떠날 수밖에 없는 사람들도 있다.

- -
【접속】 명사・동사・イ형용사・ナ형용사의 보통형 + (が) + 故(に)

325 　〜(よ)うと〜まいと　　　〜하든 말든

어떤 결과가 되든 상관없다는 뜻. 방임을 나타내기도 한다. =「〜(よ)うが〜まいが」

ベストを尽くしてやれば、成功しようとしまいと関係ない。

최선을 다해서 하면 성공하든 안하든 상관없다.

食べようと食べまいとそれは自分の意志です。

먹든 안 먹든 그것은 자신의 의지입니다.

- -

【접속】 동사 의지형 + (よ)うと + ます형 + まいと

326 　〜(よ)うにも〜できない　　　〜하려고 해도 〜할 수 없다

뭔가를 하려는 마음은 간절한데, 상황이 여의치 않음을 나타낸다.

台風で家から出ようにも出られなかった。

태풍 때문에 집에서 나가려고 해도 못 나갔다.

毎日レポートや宿題に追われていては、遊びに行こうにも行けな

い。 매일 리포트나 숙제에 쫓겨가지고 놀러 가려고 해도 갈 수가 없다.

- -

【접속】 동사 의지형 + (よ)うにも〜できない

327 　〜をおいて　　　〜을 제쳐두고, 제외하고, 빼고

주로「〜をおいて、〜ない」형태로 바로 그것밖에 없다, 그것이 가장 적합하다는 뜻.

次期の会長にふさわしい人物は、彼をおいてほかにはいない。

차기 회장에 마땅한 사람은 그사람을 빼면 누가 있겠어.

ゴルフ場開発を進めるなら、この地域をおいてほかにはいない。

골프장개발을 추진한다면 이 지역을 빼곤 다른 데는 없다.

- -

【접속】 명사 + をおいて

328 〜をかぎ(限)りに　　　　　〜을 마지막으로

어떤 시점을 끝으로 뭔가가 끝나고 다시는 하지 않는 것을 나타낸다.

中村アナウンサーは今日の試合の中継放送をかぎりに引退した。

나카무라 아나운서는 오늘의 시합 중계방송을 마지막으로 은퇴했다.

今日の授業をかぎりに先生は二度と学校へ戻ることはなかった。

오늘 수업을 마지막으로 선생님은 두번 다시 학교에 돌아오시지 않았다.

【접속】 명사 + をかぎ(限)りに

329 〜をかわき(皮切)りに　　　　　〜을 시작으로

かわきる는 원래 '〜을 시작으로'라는 뜻. 뒤에는 새로운 행위를 나타내는 표현이 오며, 「〜をかわきりにして / 〜をかわきりとして」 등으로도 쓰인다.

明日のオープンセレモニーを皮切に、コンサートなどが連日予定

されている。

내일 오픈세러머니를 시작으로 콘서트 등이 연일 예정되어 있다.

先生の乾杯の音頭を皮切に、パーティーが始まった。

선생님의 건배 열창을 시작으로 파티가 시작되었다.

【접속】 명사 + をかわきりに

330 〜をもって　　　　　〜으로, 〜을 가지고 하면

지금 가지고 있는 조건이나 요소를 활용하는 것을 나타낸다.

彼女の個性と美貌をもってすれば、一流のモデルになることも

不可能なことではない。

그녀의 개성과 미모로 하면 일류 모델이 되는 것도 불가능한 일이 아니다.

あれだけの資本をもって会社を興すなら失敗することはないでしょう。

그정도의 자본을 가지고 회사를 일으킨다면 실패할 일은 없겠지요.

【접속】 명사 + をもって

331 ～をものともせず　　　　　～을 개의치 않고, 아랑곳하지 않고

'～을 전혀 두려워하지 않고, ～을 염두에 두지 않고'. 어떤 역경이나 어려움을 두려워하거나 걱정하지 않는다는 뜻. 뒤에는 어떤 뜻을 이루는 표현이 온다. 긍정적인 표현.

周囲の反対をものともせず、私はいつも自分の意志を通してきた。

주위의 반대에 개의치 않고 나는 언제나 내 의지를 관철시켜 왔다.

彼は足のけがをものともせず、世界大会の代表選手になった。

그는 다리 부상에도 개의치 않고 세계대회 대표선수가 되었다.

【접속】 명사 + をものともせず(に)

332 ～をよそに　　　　　～을 무시하고, 아랑곳하지 않고

「よそ」는 '딴 곳, 상관없는 일'이란 뜻. 걱정, 비난, 비판, 기대 등 사람에게서 받는 감정이나 평가를 나타내는 말에 붙어서 '그것을 무시하고, 신경도 안 쓰고 ～'라는 뜻을 나타낸다. 「～を顧(かえりみ)ず」나 「～に(も)かまわず」 등이 비슷한 표현이다.

住民の反対をよそに、ホテルの建設工事はどんどん進められた。

주민들의 반대를 무시하고 호텔의 건설공사는 척척 진행되었다.

妹は親の心配をよそに、毎晩遅くまで遊び歩いている。

여동생은 부모님의 걱정에 아랑곳하지 않고 매일 늦게까지 놀러 다닌다.

【접속】 명사 + をよそに

● 「～をものともせず」와「～をよそに」

「～をものともせず」는 걱정이 될만한 것을 두려워하지 않는다는 뉘앙스가 들어 있는데 반해, 「～をよそに」는 원래 관심을 가져야 함에도 불구하고 그것을 무시한다는 뉘앙스가 들어 있다.

・周囲の心配をものともせず、彼はそれをやり通した。 주변의 걱정을 뒤로한채 그는 그일을 관철했다.

・周囲の心配をよそに、遊んでばかりいる。 주변의 걱정에 아랑곳하지 않고 놀고만 있다.

---

333 ～んがため (に)   ~하기 위해서

'~을 목적으로 해서' 라는 뜻. 일상회화에서는 거의 쓰이지 않고 격식을 차리는 서면상에서 쓴다. 어떤 목적을 이루려는 강한 의지가 들어 있다.

あのチームは勝たんがためには、どんな反則でもする。

저 팀은 이기기 위해서라면 어떤 반칙이라도 한다.

彼はトップの成績を維持せんがためにも、毎日4時間以上は家で勉学に励んだ。

그는 일등이라는 성적을 유지하기 위해서라도 매일 4시간이상은 집에서 공부를 열심히 했다.

- -

【접속】동사 ない형 + んがため(に / には / にも)

---

334 ～んばかりだ   ~하는 듯하다

뒤의 명사를 꾸밀 때는 「～んばかりの」형태로 쓴다. 동사 부정형에 접속하는 것에 주의. 실제로는 그렇지 않지만 '마치 ～하는 듯하다' 라는 뜻이다.

彼の表情は、まるで早く帰れと言わんばかりだった。

그의 표정은 마치 빨리 집에 가라고 말하는 듯했다.

今にも夕立が降り出さんばかりの空模様だ。

곧 소나기가 내릴 듯한 날씨다.

- -

【접속】동사의 ない형 + んばかりだ / んばかりの

1급수준

최중요필수표현86

01 両親(ⓐあっての ⓑとあって)私なので、日ごろから感謝しなければならない。

부모가 있고서야 내가 있는 것이므로, 평소 늘 감사하는 마음을 가져야 한다.

02 子供の将来は、両親の教育(ⓐいかで ⓑいかんで)大きく変わる。

자녀의 장래는 부모의 교육여하에 따라 크게 달라진다.

03 この試験は出身国の(ⓐいかんによらず ⓑかぎり)、応募することができます。

이 시험은 출신국 여부에 관계없이 응모할 수 있습니다.

04 先日お世話になったお礼(ⓐながら ⓑかたがた)、課長のお宅にお寄りしました。

지난번에 신세진 것도 있고 인사도 드릴 겸, 과장님 댁에 들렀습니다.

05 あの子はいったん家を出た(ⓐが最後 ⓑ最後)、暗くなるまでもどって来ない。

저 애는 일단 집을 나갔다 하면 어두워질 때까지 들어오지 않는다.

06 レストランを営む(ⓐかたがた ⓑかたわら)、暇を見つけては作家活動もしている。

레스토랑을 경영하는 한편, 틈틈이 작가활동도 하고 있다.

07 店が開店する(ⓐとばかりに ⓑが早いか)多くの客が一斉に駆け込んできた。

가게가 개점하자 마자, 많은 사람들이 일제히 밀려들어왔다.

08 これは重さが100キロ(ⓐからする ⓑからある)。

이것은 무게가 100킬로그램이나 된다.

09 刃物の（ⓐごとく　ⓑこととて）鋭い質問が、次々と彼を襲った。

칼과 같이 날카로운 질문이 잇따라 그를 공격했다.

10 家を買うため見に行ったが、夜の（ⓐごとく　ⓑこととて）日当りのことはわ
からなかった。

집을 사기 위해 보러 갔는데, 밤이라서 볕이 잘 드는지는 알 수가 없었다.

11 今日は朝からいいこと（ⓐずくめ　ⓑまみれ）でしあわせな気分だ。

오늘은 아침부터 좋은 일만 있어서 행복한 기분이다.

12 あの患者は両手をけがしたため、一人では食事（ⓐなり　ⓑすら）できない。

그 환자는 양손을 다쳤기 때문에, 혼자서는 식사조차 못한다.

13 私が注意した（ⓐとばかりに　ⓑそばから）また同じ失敗をする。

내가 주의를 주기가 무섭게 또 같은 실수를 한다.

14 事実を言おうか言うまいかと、廊下を行き（ⓐなり　ⓑつ）戻り（ⓐなり　ⓑつ）
考えた。

사실을 말할까 말까 하고, 복도를 왔다갔다 하며 생각했다.

15 たとえ子供（ⓐであれ　ⓑすら）、自分のしたことは自分で責任をとらなけれ
ばならない。

비록 어린 아이라 하더라도, 자신이 한 일은 자신이 책임을 져야 한다.

16 ふるさとを歌った彼の歌は、子どものころの思い出（ⓐはおろか　ⓑと相ま
って）心に響く。

고향을 노래한 그의 노래는 어릴 적 추억과 함께 마음이 울린다.

17 私が代表選手に選ばれる（ⓐとはいえども　ⓑとは）夢にも思わなかった。

내가 대표선수로 뽑히다니 꿈도 못꾸었다.

18 主人が帰ってくると、待っていた（ⓐとばかりに　ⓑとはいえ）犬が駆け寄っ
てきた。

남편이 돌아오면, 마치 기다렸다는듯이 개가 가까이 달려왔다.

19 彼に勝つため（ⓐとはいえ　ⓑでもあるまいし）、無理な作戦を立てたもので
ある。

그를 이기기 위해서라고는 하지만, 정말 무리한 작전을 세웠구나.

20 プロ（ⓐといえども　ⓑもさるごとながら）油断は許されない。

프로라고 해도 방심은 금물이다.

21 いつから（ⓐともなく　ⓑとはいえ）、彼に好意を持つようになった。

언제부터라고 할 것 없이 그에게 호의를 가지게 되었다.

22 うまくできない（ⓐとばかりに　ⓑながらも）、彼は最後までベストを尽した。

잘하지는 못하지만, 그녀는 끝까지 최선을 다했다.

23 この子は生まれ（ⓐかたがた　ⓑながらに）して音楽的才能を備えている。

이 아이는 천부적으로 음악적 재능을 갖추고 있다.

24 今になって急いでみ（ⓐたところで　ⓑないまでも）、締切に間に合うはずがない。

이제와서 서둘러봤자, 마감날짜에 맞출 수가 없을 것이다.

25 一週間後に試験をひかえ、今は1分（ⓐなしには　ⓑたりとも）おろそかにで
きない。

일주일후에 시험을 앞두고, 지금은 1분이라도 소홀히 할 수 없다.

26 そんな危険を冒してまで脱出するなんて、考える (ⓐだに ⓑともなしに)
恐ろしい。

그런 위험을 감수하면서까지 탈출하다니 생각만해도 아찔하다.

27 水を出し (ⓐつつ ⓑっぱなし) にしないで、少しは節水を心がけるべきだ。

물을 계속 틀어놓고 있지 말고, 조금은 물을 절약할 수 있도록 신경써야 한다.

28 親 (ⓐたる ⓑのような) 者は、すべてにおいて子供の模範とならなければな
らない。

부모라는 자는 매사에 아이들의 모범이 되어야 한다.

29 この本は大きさ (ⓐといい ⓑなり) 見やすさ (ⓐといい ⓑなり) 申し分がない。

이 책은 크기도 적당하고 보기도 좋아서 흠 잡을 데가 없다.

30 神 (ⓐながらに ⓑでもあるまいし)、そんな事できるわけがない。

내가 신도 아니고, 그런 일은 할 수가 없다.

31 人前でスピーチをするのは初めて (ⓐといい ⓑとあって)、彼はひどく緊
張していた。

사람들 앞에서 스피치를 하는 것이 처음이어서, 그는 매우 긴장했다.

32 一流ホテル (ⓐならではの ⓑに足る) 豪華な雰囲気である。

일류호텔 특유의 호화로운 분위기이다.

33 娘 (ⓐであれ ⓑときたら)、最近おしゃれのことばかり気にしている。

우리 딸애는 요즘 멋부리는 것에만 관심이 있어요.

34 20キロのウォーキングも、彼にとってはちょうどいい散歩 (ⓐをものともし
ない ⓑといったところだ)。

20킬로미터의 워킹도 그에게는 딱 적당한 산책이라고 해도 맞을 것이다.

35 ダムの建設には住民の反対も大きく、計画を中止するとは言わ（@ないまで
も ⓑないことに）、建設を延期せざるを得ないだろう。

댐 건설에는 주민의 반대도 크고, 계획을 중지한다고까지야 못하더라도 건설을 연기하지 않을 수 없을
것이다.

36 私はお茶が好きなので、お茶（@ときたら ⓑなしには）一日もいられない。

나는 차를 좋아하기 때문에, 차 없이는 하루도 못산다.

37 悩みがあるのなら、友達（@なり ⓑやら）親（@なり ⓑやら）に相談しなけれ
ばならない。

고민이 있다면, 친구든 부모든 상담해야 한다.

38 海外留学は、私（@とあって ⓑなりに）考えた末に出した結果です。

해외유학은 저 나름대로 생각한 끝에 내린 결론입니다.

39 私の料理を一口食べる（@かたわら ⓑなり）、彼は席を立ってしまった。

내가 만든 요리를 한 입 먹자 마자, 그는 자리를 일어나버렸다.

40 父は責任者という立場（@にあって ⓑもさることながら）寝る時間も惜しん
で働かなければならなかった。

아버지는 책임자라는 입장에 있어서, 잠잘 시간도 아껴가며 일하지 않을 수 없었다.

41 人類生存（@はおろか ⓑに関わる）環境問題について真剣に議論した。

인류생존에 관계되는 환경문제에 관해 진지하게 논의했다.

42 引っ越しをひかえ、家具はもちろん、皿やスプーン（@に至る ⓑに足る）ま
で新しいのを買いそろえた。

이사를 앞두고, 가구는 물론이고, 접시랑 숟가락에 이르기까지 새것을 갖추어 샀다.

43 何をやる（ⓐにしたって　ⓑにひきかえ）、心構えが大切だ。

무슨 일을 하든 마음가짐이 중요하다.

44 私の経験（ⓐに関して　ⓑに即して）言うと、若いうちにやりたい事をやっておく方がよい。

나의 경험에 비추어 말하자면, 젊을 때 하고 싶은 것을 해 두는 것이 좋다.

45 彼女は35歳（ⓐを限りに　ⓑにして）ようやく赤ちゃんを授かった。

그녀는 35살의 나이에 겨우 아기를 가졌다.

46 しっかり者の兄（ⓐにひきかえ　ⓑとはいえ）弟の方は落ち着きがない。

야무진 형에 비해 동생은 안정감이 없다.

47 今日は報道する（ⓐに足る　ⓑ言いえども）ニュースなど、何もなかった。

오늘은 보도할만한 뉴스 따위가 아무것도 없었다.

48 何（ⓐもさることながら　ⓑにもまして）うれしかったのは、生き別れた父に再会できたことである。

무엇보다도 가장 기뻤던 것은, 생이별했던 아버지를 다시 만날 수 있었던 것이다.

49 彼があれこれ言うのは、あなたのことを心配していれ（ⓐばこそ　ⓑごとき）だ。

그가 이것저것 말하는 것은, 다 너를 걱정해서 그러는 거야.

50 海外旅行に行くというのにチケットの手配（ⓐが早いか　ⓑはおろか）、パスポートも用意していない。

해외여행을 간다고 하면서 표 준비는 고사하고, 여권도 준비하지 않았다.

51 大学に進む（ⓐべく　ⓑとばかりに）上京した。

대학에 진학하기 위해 상경했다.

52 この企画を推進するにあたって、彼は欠く（ⓐに至る　ⓑべからざる）人物である。

이 기획을 추진함에 있어, 그사람은 빼놓을 수 없는 인물이다.

53 雪もとけて、すっかり春（ⓐめいて　ⓑまみれて）きた。

눈도 녹고, 완연한 봄기운이 감돈다.

54 この服はデザイン（ⓐをよそに　ⓑもさることながら）、色使いがとてもいい。

이 옷은 디자인도 그렇지만, 배색이 아주 좋다.

55 彼は責任感が強いが（ⓐゆえに　ⓑそばから）、物事を深刻に考えるきらいがある。

그는 책임감이 강해서 모든 일을 심각하게 생각하는 경향이 있다.

56 血（ⓐまみれ　ⓑずくめ）になった人が、道ばたに倒れていた。

피투성이가 된 사람이 길바닥에 쓰러져 있었다.

57 釜山での開幕試合を（ⓐ皮切り　ⓑ限り）に全国各地で試合が行なわれる。

부산에서의 개막시합을 시작으로 전국각지에서 시합이 거행된다.

58 どこに（ⓐ行こうと行くまいと　ⓑ行こうにも行くにも）私の勝手である。

어디에 가든 안가든 내 마음이다.

59 旅行をすると言っても、お金もなければ時間もない。これでは、行こ（ⓐうさえ　ⓑうにも）行けない。

여행을 간다고 해도, 돈도 없고 시간도 없다. 이래서는 갈래야 갈 수가 없다.

60 娘は家へ帰る（ⓐとたん　ⓑやいなや）おなかがへったと言って、パンを食べはじめた。

딸아이는 집에 돌아오자마자 배고프다며 빵을 먹기 시작했다.

61 今日を（ⓐ限りに ⓑ最後）、私 達バスケット部は解散することになりました。
오늘을 마지막으로 우리 농구부는 해체하게 되었습니다.

62 あれだけの経験と知識（ⓐから ⓑをもって）すれば、あの企画は必ず上手く
いくだろう。
그정도의 경험과 지식을 가지고 하면, 그 기획은 반드시 잘 될 것이다.

63 田中さんは、責任はお前にあると言わ（ⓐんばかりの ⓑないような）態度だ
った。
다나카 씨는, 책임은 너한테 있다고 말하는 듯한 태도였다.

64 田中さんは周囲の心配（ⓐを機に ⓑをよそに）一流企業を退 職し、小さな雑
貨屋を始めた。
다나카 씨는 주위의 걱정을 아랑곳하지 않고 일류기업을 퇴직하여 작은 잡화점을 시작했다.

65 私の父は不況の波（ⓐをものともせず ⓑのそばから）、どんどん事業を拡大
している。
우리 아버지는 불황의 파도에도 불구하고, 점점더 사업을 확장하고 있다.

66 母親は子供の命を救わ（ⓐないことに ⓑんがために）命を落とした。
어머니는 아이의 생명을 구하기 위해 목숨을 잃었다.

| 정답 |

01 ⓐ	02 ⓑ	03 ⓐ	04 ⓑ	05 ⓐ	06 ⓑ	07 ⓑ	08 ⓑ	09 ⓐ	10 ⓑ	11 ⓐ
12 ⓑ	13 ⓑ	14 ⓑ, 15 ⓐ	16 ⓑ	17 ⓑ	18 ⓐ	19 ⓐ	20 ⓐ	21 ⓐ	22 ⓑ
23 ⓑ	24 ⓐ	25 ⓑ	26 ⓐ	27 ⓐ	28 ⓐ	29 ⓐ, ⓐ 30 ⓑ	31 ⓑ	32 ⓐ	33 ⓑ
34 ⓑ	35 ⓐ	36 ⓑ	37 ⓐ, ⓐ 38 ⓑ	39 ⓑ	40 ⓐ	41 ⓑ	42 ⓐ	43 ⓐ	44 ⓑ
45 ⓑ	46 ⓐ	47 ⓐ	48 ⓑ	49 ⓐ	50 ⓑ	51 ⓐ	52 ⓑ	53 ⓐ	54 ⓑ	55 ⓐ
56 ⓐ	57 ⓑ	58 ⓐ	59 ⓑ	60 ⓑ	61 ⓐ	62 ⓑ	63 ⓐ	64 ⓑ	65 ⓐ	66 ⓑ

PART 2 어말중심표현 18

335 **～かぎりだ**　　　　　　　　**～하기 짝이 없다, 매우 ～하다**

☐
☐ 「～かぎりだ」는 흔히 감정을 나타내는 형용사에 붙으며 강조를 나타낸다.

久しぶりに友人から電話がかかってきたが、元気で仕事を続けて
いるそうでうれしいかぎりだ。

오랜만에 친구한테서 전화가 왔는데, 별일없이 일을 계속하고 있다니 얼마나 반가운지...

あと一点が足りず試験に落ちたなんて、くやしいかぎりです。

남은 1점이 모자라 시험에 떨어졌다니 얼마나 속상한지 모르겠어요.

【접속】イ형용사 + かぎりだ

336 **～きらいがある**　　　　　　**～하는 경향이 있다**

☐
☐ '그런 경향이 있다, 그렇게 되기 쉽다' 는 뜻. 주로 안 좋은 일에 쓰인다.

あの人はものごとを大げさに言うきらいがある。

그 사람은 일을 과장해서 말하는 경향이 있다.

マスコミの報道というものはかえって真実を曲げてしまうきらい

がある。 매스컴의 보도란 것은 오히려 진실을 왜곡해버리는 경향이 있다.

【접속】명사(の) / 동사・イ형용사의 사전형 / ナ형용사의 사전형 + な+ きらいがある

> ● 유사표현 「**がちだ**」
>
> 「がちだ」는 「つい・うっかり」 등과 같이 쓰일 때가 많으며, 회화체로 쓰인다. 관용구처럼
> 쓰이는 「ありがち」는 '자주 있다' 는 뜻.
> 　접속 : 명사, 동사의 ます형 + がちだ (「きらいがある」와 접속이 다르므로 주의한다.)
> ・興味のない事は、つい忘れがちになる。 관심이 없는 일은 깜박 잊어버리는 경향이 있다.
> ・ありがちなミス。 흔히 있는 실수.

～極(きわ)まりない　　　～하기 짝이 없다

더이상 없는 상태까지 왔다는 뜻. 격식을 차린 자리에서 쓰인다. 명사와 ナ형용사에만 접속하므로 주의한다.

こんな吹雪の中山に登るなんて、危険極まりない。

이런 눈보라 속에서 등산을 하다니 위험하기 짝이 없다.

無礼極まりないその言い方は、先生を怒らせた。

무례하기 짝이 없는 그 말투는 선생님을 노하게 했다.

【접속】명사 / ナ형용사의 사전형 + 極まりない

> **유사표현 「～ことこの上(うえ)ない」(문어체)**
>
> 접속 : イ형용사의 사전형 + ことこの上ない
>
> 　　　ナ형용사의 사전형 + な + ことこの上ない
>
> ・こんな吹雪の中山に登るなんて、危険なことこの上ない。
>
> 　이런 눈보라 속에서 등산을 하다니 위험하기 짝이 없다.

338　**～始末(しまつ)だ**　　　～결국 이 꼴이다

누군가의 행위에 의하여 탐탁치 않은 상황이 생겼을 때 쓴다. 앞에서 그 상황이 될 때까지 어떤 일이 있었는지를 말하고, 그 결과로 그런 상황이 되었다는 말이 이어진다. 「この始末」는 관용구처럼 쓰는데, 문제가 생겼을 때 비난하는 마음이 담긴 표현으로 '이럴 줄 알았어' '결국 이렇게 됐군' '꼴 좋다' 정도의 뉘앙스이다. 주로 「...この始末だ」로 쓰는 경우가 많다.

あれがいいこれがいいと大騒ぎしたあげく、この始末だ。

저게 좋다, 이게 좋다고 요란을 떨더니 결국 이 꼴이다.

【접속】この / 동사의 사전형 + 始末だ

～ずにはおかない   ～하지 않을 수가 없다

「～ない」=「～ず」 부정의 조동사. 회화에서는 「～ずにはおけない」형으로 많이 쓴다. '～하지 않고는 그냥 지나칠 수 없다'는 뜻. 「～ずにはおかない」는 직접 행동을 취한다는 뉘앙스가 있고, 「～ずにはおけない(おかれない)」는 부득이 그렇게 된다는 뉘앙스가 깔려 있다.

新<ruby>企画<rt>き かく</rt></ruby>の<ruby>中止<rt>ちゅうし</rt></ruby>が<ruby>決<rt>き</rt></ruby>まろうとしているが、<ruby>担当<rt>たんとう</rt></ruby>した<ruby>者<rt>もの</rt></ruby>たちは<ruby>反対<rt>はんたい</rt></ruby>せずにはおかないだろう。

새 기획의 중지가 결정되려 하는데, 담당자들은 반대하지 않을 수 없을 것이다.

<ruby>一言<rt>ひとこと</rt></ruby><ruby>言<rt>い</rt></ruby>わずにはおけない<ruby>彼<rt>かれ</rt></ruby>の<ruby>態度<rt>たい ど</rt></ruby>を<ruby>見<rt>み</rt></ruby>て、みんな<ruby>腹<rt>はら</rt></ruby>を<ruby>立<rt>た</rt></ruby>てた。

한 마디 하지 않고는 못봐줄 그의 태도를 보고 모두들 화를 냈다.

【접속】동사의 부정형 + ずにはおかない (단 する는 せず가 된다.)

～ずにはすまない   ～하지 않으면 안된다, 꼭 ～해야 한다

=「～ないではすまない」 '～하지 않고서는 사태가 끝나지 않는다'는 뜻. 「～ずにはすませない」(타동사), 「～ずにはすまされない」(수동) 형으로도 쓰인다.

あの<ruby>社員<rt>しゃいん</rt></ruby>は<ruby>客<rt>きゃく</rt></ruby>の<ruby>お金<rt>かね</rt></ruby>を<ruby>使<rt>つか</rt></ruby>ったのだから<ruby>処罰<rt>しょばつ</rt></ruby>されずにはすまないだろう。

저 사원은 고객의 돈을 썼으니까 처벌을 받지 않으면 안될 것이다.

<ruby>約束<rt>やくそく</rt></ruby>を<ruby>守<rt>まも</rt></ruby>らなかったのだから、みんなの<ruby>非難<rt>ひ なん</rt></ruby>を<ruby>受<rt>う</rt></ruby>けずにはすまない。

약속을 지키지 않기 때문에 모두의 비난을 받지 않을 수 없다.

【접속】동사의 부정형 + ずにはすまない (단 する는 せず가 된다.)

～てしかるべきだ　　　　～하는 것이 당연하다, 타당하다

'당연히 그렇게 해야 한다' 라는 뜻. 「～しかるべきだ」는 문장체에서 많이 쓰인다.

ガラスをわざと割(わ)ったんだ。叱(しか)られてしかるべきだ。

유리창을 일부러 깬 것이다. 당연히 야단을 맞아야 한다.

学生(がくせい)のうちは勉強(べんきょう)してしかるべきだ。 학생 때는 당연히 공부해야 한다.

ひどいことを言(い)ったんだから、当然(とうぜん)あやまってしかるべきです。

심한 말을 했으니까 당연히 사과해야 합니다.

【접속】동사의 て형 + しかるべきだ / しかるべき (명사)

～でなくてなん(何)だろう　～이 아니고 무엇인가?

바로 그것이라고 강조하는 표현이다. =～と言(い)わずしてなんだろう.

こんなに見事(みごと)な作品(さくひん)が芸術(げいじゅつ)でなくてなんだろう。

이렇게 훌륭한 작품이 예술이 아니고 무엇인가?

これが人間(にんげん)の本性(ほんしょう)でなくてなんだろう。

이것이 인간의 본성이 아니고 무엇인가?

【접속】명사 + でなくてなんだろう

～てやまない　　　　　　진심으로 ～하다, 마지 않다

私(わたし)の母(はは)は一生(いっしょう)その事(こと)を後悔(こうかい)してやまなかった。

우리 어머니는 평생 그 일을 진심으로 후회했다.

この子(こ)が健康(けんこう)で立派(りっぱ)に育(そだ)ってくれることを望(のぞ)んでやみません。

이 아이가 건강하고 훌륭하게 자라주기를 바라 마지 않습니다.

【접속】동사・イ형용사・ナ형용사의 て형 + てやまない

～ないものでもない　　～할 수도 있다(가능하다)

「～ないものでもない」(～할 수 없는 것은 아니다)는 '할 수 있다'는 것을 소극적으로 나타내는 표현이다. 「～なくもない」로 바꿀 수 있다.

この程度のことなら、私にもやれないものでもない。

이 정도 일이라면 나도 할 수 있다.

それぐらいのお金なら貸せないものでもない。

그 정도의 돈이라면 못빌려줄 것도 없다.(빌려줄 수 있다.)

【접속】동사의 ない형 + ものでもない

～にかたくない　　～하기 어렵지 않다

'쉽게 ～할 수 있다'는 뜻의 문장체 표현. 「想像にかたくない」를 특히 많이 쓴다.

審査員が彼の作品を見て、そのすばらしさに驚いたことは、想像にかたくない。

심사원이 그의 작품을 보고 그 훌륭함에 놀란 것은 쉽게 상상할 수 있다.

【접속】명사 + にかたくない

～に越(こ)したことはない　～하는데 더할나위없다(더 좋다)

어떤 일을 할 때 시간이나 양을 충분하게 하되, 뒤의 조건이 충족되면 더 좋다는 뜻이다.

レポートの提出の締め切りは明日の午後1時だが、早めに出せれ* ばそれに越したことはない。

리포트 제출마감은 내일 1시지만, 일찍 낼 수 있으면 더 좋다.

何人来るかわからないので、数は多いに越したことはありません。

몇 명 올지 모르니까, 수량은 많으면 더 좋아요.

【접속】명사・동사・イ형용사・ナ형용사의 보통형 + に越(こ)したことはない

347 ～にはあたらない　　　　　～에 해당되지 않는다

「～からといって」 등의 표현과 같이 쓰는 경우가 많다. '～하기에는 타당하지 않다'는 뜻.
유사표현 「～には及(およ)ばない」, 「～までもない / までのこともない」로 바꾸어 말할 수
있다.

彼には彼なりの考えがあっての事だろうから、彼を一方的に非難
するにはあたらない。

그에게는 나름대로의 생각이 있었을 테니 그를 일방적으로 비난할 것까지는 없다.

あの人の取った行動は裏切りにはあたらないと思います。

그사람이 취한 행동은 배신이랄것까지는 없다고 봅니다.

【접속】 명사 / 동사의 사전형 + に(は)あたらない

348 ～まで(のこと)だ　　　　　～하면 그만이다, ～로 끝이다

「これまでだ / それまでだ」는 '그걸로 끝장이다' '그 다음은 없다'는 뜻이며, 앞에는 「～ば
/ ～なら / ～たら」 등 가정형이 오는 경우가 많다.

お互いに会わなければもうそれまでのことです。

서로 안 만나면 그만인 일입니다. (안 만나면 그만이죠 뭐)

お前とおれの関係もこれまでだ。もう二度と会いたくない。

너와 나의 관계도 여기까지다. 이제 두번 다시 만나고 싶지 않다.

【접속】 동사의 가정형+ ば+それまでのことだ

349 ～まで(のこと)もない　　　　　～까지 할 것도 없다

상대의 지나친 참견이나 관심을 불쾌하게 생각한다는 뉘앙스가 깔려 있다.

そんな簡単なこと、わざわざ説明してもらうまでもない。

그렇게 쉬운 것을 일부러 설명 받을 것까지 없다.

261

そんなことは常識だ。君に言われるまでもない。

그런 건 상식이다. 당신이 말할 필요도 없다.

【접속】 동사의 사전형・ない형 + まで(のこと)もない

350 ～ものを　　　　　　　～인 것을, ～텐데

「～のに」와 비슷한 뜻. 바람직하지 않은 결과가 나왔을 때, 후회스럽거나 미련이 남을 때
쓴다. 비난이나 불평, 불만, 아쉬움 등을 나타낸다. 주로 앞에 가정형이 와서 「～ば ～もの
を」, 「～ても ～ものを」형태로 쓰인다.

電話をくだされば、車でお迎えに参りましたものを。

전화를 주셨으면 차로 모시러 갔을 텐데.

試験範囲を知ってるのなら、前もって勉強すればいいものを。

시험범위를 알고 있으면 미리 공부하면 좋은 것을.

【접속】 동사의 종지형 /イ형용사의 보통형 + ものを

351 ～を禁じえない　　　　　　　～을 금치 못하다

어떤 상황에 대하여 분노나 동정심 등, 감정을 억누를 수 없다는 뜻이다. 「～ずにはいられ
ない」나 「～てならない」 등으로 바꿔 말할 수 있다.

両親を亡くした彼の話を聞いていると、涙を禁じえなかった。

부모님을 잃은 그의 이야기를 듣고 있으면 눈물을 금할 수 없었다.

虐待に関する写真やニュースを見るたびに、怒りを禁じえない。

학대에 관한 사진이나 뉴스를 볼 때마다 분노를 금치 못했다.

【접속】 (감정을 나타내는) 명사 + を禁じえない

～をよぎ(余儀)なくされる ~어쩔 수 없이 하게 되다

수동표현으로, 동작을 나타내는 명사에 접속하여, '어쩔 수 없이 그렇게 해야 하는 상황이 된다' '～하지 않을 수 없게 된다'라는 뜻을 나타낸다. 「～を余儀なくさせる」로 사역형을 쓰면 '그렇게 할 수밖에 없는 상황으로 만들다'라는 뜻이 된다. 바람직하지 않은 사태를 일으킬 때 쓰인다.

<ruby>台風<rt>たいふう</rt></ruby>によって<ruby>旅行<rt>りょこう</rt></ruby>の<ruby>中止<rt>ちゅうし</rt></ruby>を<ruby>余儀<rt>よぎ</rt></ruby>なくされた。

태풍으로 인하여 (어쩔 수 없이) 여행이 중단되었다.

<ruby>不況<rt>ふきょう</rt></ruby>により、<ruby>多<rt>おお</rt></ruby>くの<ruby>人<rt>ひと</rt></ruby>が<ruby>職場<rt>しょくば</rt></ruby>を<ruby>離<rt>はな</rt></ruby>れることを<ruby>余儀<rt>よぎ</rt></ruby>なくされている。

불황으로 인하여 많은 사람들이 직장을 떠날수밖에 없게 되었다.

【접속】명사 +をよぎなくされる

01 若くして事故で逝くなんて、悲しい_____。

ⓐかぎりだ　　ⓑだけだ　　　ⓒものを　　　ⓓまでもない

02 彼は何でも自分の力ではせず、人に頼る_____。

ⓐかぎりだ　　ⓑきらいがある　ⓒおそれがある　ⓓまでのことだ

03 私は彼の失礼_____態度に我慢ならなかった。

ⓐまみれ　　　ⓑずくめ　　　ⓒだらけ　　　ⓓきわまりない

04 娘は勉強もせずに、毎日遊んでばかりいる。一言_____。

ⓐ言わずしている　　　　　ⓑ言わずにはおかれない

ⓒ言うまでもない　　　　　ⓓ言わんばかりだ

05 部長は彼に契約を10件とって来いと言った。彼は目的を達成せ_____だろう。

ⓐずにすむ　　ⓑずにはすまない ⓒずにいる　　ⓓずにいない

06 彼らはパスポートを偽造してまで、外国に行きお金を稼ぐ_____。

ⓐかぎりだ　　ⓑだけだ　　　ⓒまでだ　　　ⓓしまつだ

07 毎朝電車の中で会う彼女が気になって仕方ない。これが愛_____。

ⓐかぎりだ　　　　　　　ⓑではすまない

ⓒでしかたない　　　　　ⓓでなくてなんだろう

08 自分が犯した過ちは自分で責任をとって_____。

ⓐしかるべきだ　　　　　　　　ⓑきわまりない

ⓒこしたことはない　　　　　　ⓓまでのことだ

09 彼の今後の活躍を心より願って_____。

ⓐすむ　　　　ⓑすまない　　　　ⓒやむ　　　　ⓓやまない

10 私も同じような経験をしたから、あなたの気持ちがわからない_____でも
ない。

ⓐこと　　　　　　　　　　　　ⓑもの

ⓒはず　　　　　　　　　　　　ⓓさえ

11 彼が秘密を外部にもらしたことは想像に_____。

ⓐあたらない　　　ⓑよぎない　　　ⓒかたくない　　　ⓓこしたことはない

12 彼は天才だ。わずか三日で論文を終えたからといって、驚くには_____。

ⓐあたらない　　　ⓑやまない　　　ⓒないものだ　　　ⓓないものでもない

13 何をするにしても一等に_____ことはない。

ⓐすんだ　　　　ⓑました　　　　ⓒこした　　　　ⓓすぎる

14 彼は世界的に有名な実業家であるから、改めて紹介する_____だろう。

ⓐまでもない　　　ⓑ始末だ　　　ⓒきらいがある　　ⓓかぎりだ

15 もし試験に落ちても来年また挑戦する_____。

ⓐにこしたことはない   ⓑにはすまない

ⓒ始末だ   ⓓまでのことです

16 もう少し早く病院に行けば完治した_____、放っておいたので、容体が悪

化してしまった。

ⓐわけで   ⓑことを   ⓒものを   ⓓものの

17 この不公平な判決には怒りを_____。

ⓐ禁じえない   ⓑ禁じる

ⓒ禁じられる   ⓓ禁じえる

18 ダム建設のために、この周辺の人々は引っ越しを_____。

ⓐ禁じえない   ⓑ余儀なくされた

ⓒする始末だ   ⓓしないものでもない

AあってのB	▶どんな小さな成功も努力あってのことです。	p.218
~いかんだ / いかんで(は)	▶今回のプロジェクトの成功は、君の努力いかんだ。	p.218
~いかんによらず いかんにかかわらず	▶採否のいかんにかかわらず、結果は郵便でお知らせします。	p.219
~かぎりだ	▶あと一点が足りず試験に落ちたなんて、くやしいかぎりです。	p.256
~が最後 / ~たら最後	▶それを言ったが最後、君たちの関係は完全にこわれてしまうよ。	p.219
~かたがた	▶年始のあいさつかたがたおみやげを持って先生のお宅を訪問しました。	p.220
~かたわら	▶あの人は小説を書くかたわら、絵も描いている。	p.221
~が早いか	▶子供たちは公園に着くが早いかおやつを食べ始めた。	p.221
~からある	▶身長2メートルからある男が、突然目の前に現れた。	p.222
~きらいがある	▶あの人はものごとを大げさに言うきらいがある。	p.256
~極まりない	▶無礼極まりないその言い方が先生を怒らせた。	p.257
~如く / ~如き	▶彼は何の関係もないかのごとく、知らぬふりをしていた。	p.222
~こととて	▶お客様がいらっしゃったが、急なこととて、何のおもてなしもできなかった。	p.223
~始末だ	▶あれがいい、これがいいと大騒ぎしたあげく、この始末だ。	p.257

～なしに (=なくして)	▶だれにも知られることなしに準備を進めなければならない。　p.234
～ならではの	▶ベテラン技師ならではの素晴らしいアイディアである。　p.234
～なり	▶「あっ」と言うなり、彼は突然走り出した。　p.235
～なり～なり	▶東京なり大阪なり、好きなところに旅行に行けばよい。　p.235
～なりに / ～なりの	▶新製品の企画について、私なりに考えた案を説明した。　p.236
～にあって	▶水も食糧もない状況にあって、人々は互いに分け合うことの大切さを学んだ。　p.236
～に至る	▶4年間という恋愛の末、2人は結婚に至った。　p.237
～に関わる	▶会社の評判に関わるから、製品の品質管理は厳しくしなければならない。　p.237
～にかたくない	▶審査員が彼の作品を見て、そのすばらしさに驚いたことは、想像にかたくない。　p.260
～に越したことはない	▶レポートの締め切りは明日の午後1時だが、早めに出せればそれにこしたことはない。　p.260
～にして	▶その選手は12歳にして早くもチャンピオンになった。　p.237
～に即した	▶実状に即した再開発計画を練らなければならない。　p.238
～に足る	▶相手を十分に納得させるに足る証拠を示す必要がある。　p.238

～にはあたらない	▶彼には彼なりの考えがあっての事だろうから、彼を一方的に非難するにはあたらない。 p.261
～にひきかえ(て)	▶彼の給料は1か月50万円だ。それにひきかえ私の給料はなんと安いことか。 p.239
～にもまして	▶息子は父親から仕事をまかされて、前にもまして仕事に励むようになった。 p.239
～はおろか	▶海外はおろか国内さえもほとんど旅行したことがない。 p.240
～ばこそ	▶子どものためを思えばこそ、小言が多くなるものだ。 p.240
～べからざる	▶彼は学生として許すべからざる行為を行った。 p.241
～べく～	▶彼は締め切りに間に合わせるべく、昼も夜も彫刻に取り組んでいる。 p.241
～まで(のこと)だ	▶主張すべきことは主張すべきだ。それでも受け入れられなかったならそれまでのことだ。 p.261
～まで(のこと)もない	▶そんな簡単なこと、わざわざ説明してもらうまでもない。 p.261
～まみれ	▶彼は毎日どろまみれになって働いている。 p.242
～めく	▶雪がとけて野の花も咲きはじめ、日ざしも春めいてきた。 p.242
～もさることながら	▶彼は外見もさることながら、頭のよさにも定評がある。 p.243
～ものを	▶試験範囲を知ってるのなら、前もって勉強すればいいものを。 p.262

1급수준

어말중심표현 18

271

～や／～や否や	▶彼はホテルに着くや否や、恋人に電話をかけた。	p.243
～故に	▶貧しい故に十分な教育を受けられない人々がいる。	p.243
～(よ)うと～まいと	▶ベストを尽くしてやれば、成功しようとしまいと関係ないのではないか。	p.244
～(よ)うにも～できない	▶台風で家から出ようにも出られなかった。	p.244
～をおいて	▶次の会長にふさわしい人物は、彼をおいてほかにはいない。	p.244
～をかぎ(限)りに	▶中村アナウンサーはきょうの試合の中継放送をかぎりに引退した。	p.245
～をかわき(皮切)りに	▶明日のオープンセレモニーをかわきりに、コンサートなどが連日予定されている。	p.245
～を禁じえない	▶両親を亡くした彼の話を聞いていると、涙を禁じえなかった。	p.262
～をもって	▶彼女の個性と美貌をもってすれば、一流のモデルになることも不可能なことではない。	p.245
～をものともせず	▶周囲の反対をものともせず、私はいつも自分の意志を通してきた。	p.246
～をよぎ(余儀)なくされる	▶台風によって旅行の中止を余儀なくされた。	p.263
～をよそに	▶住民の反対をよそに、ホテルの建設工事はどんどん進められた。	p.246
～んがため(に)	▶あのチームは勝たんがため、どんな反則でもする。	p.247
～んばかりだ	▶彼の表情は、まるで早く帰れと言わんばかりだった。	p.247

索引 (あいうえお順)

색
인

あ
い
う
え
お
順

277

색인

あいうえお順

279

편저자 박유자

일본 교토 출생
한국외국어대학교 졸업
한국외국어대학교 일어일문과 박사과정 졸업 (문학박사)
미국 ACTFL주관 O.P.I시험관 양성강좌 이수
現중앙대학교 일어학과 부교수
저서 「New 보고 듣고 따라하는 일본어 첫걸음」
「와쿠와쿠 일본어 초급」 (제이플러스) 外

개정2쇄 / 2020년 12월 25일
발행인 / 이기선
발행처 / 제이플러스
주소 / 서울시 마포구 월드컵로 31길 62
영업부 / 02–332–8320
편집부 / 02–3142–2520
등록번호 / 제 10–1680호
등록일자 / 1998년 12월 9일
ISBN / 979–11–5601–107–1

값 13,000원

© JPLUS 2019